「主・対・深」新指導要領の校内研修

"教えるから学ぶ"―ICT活用で実現! 新授業への転換プラン

堂前直人 編

1回15分
みんなで考え
議論する
校内研修

☀ 学芸みらい社
GAKUGEI MIRAISHA

まえがき

　学習指導要領が新しくなり、「主体的・対話的で深い学び」という言葉が様々なところで話題にされるようになりました。

> 「主体的」ってどんな姿?
> 「対話的」ってどんな活動をさせたらいいの?
> どうなったら、「深い学び」といえるの?

　勤務校の先生たちや自主的にやっているサークルの仲間たちと、たくさん議論したことは、まだ記憶に新しいです。
　時を同じくして、「働き方改革」も本格化し、生徒指導、部活動、教材研究、校務分掌にも変化が求められるようになりました。

> 会議や行事の精選
> 会議時間の短縮
> 週日課の見直し

が、多くの学校で行われました。
　私の身近でも、

> ①会議は月に１度。学年会は必要なときだけ
> ②会議資料は事前に目を通す。その場では読み上げない
> ③学校に届くイベントチラシを配らない。廊下に置いておき、希望者が取る
> ④午前に５時間授業を行う
> ⑤朝の職員打ち合わせをなくし、朝学習をモジュールで設定する
> ⑥運動会を午前のみの開催とする。競技数も減らす
> ⑦作品展の展示方法を簡素化する
> ⑧１時間目の開始を１０分早くし、下校時間を繰り上げる

といった具体的な策が次々に議論され、実行されていきました。

こういった授業・働き方のアップグレードが求められる中、「新型コロナウイルスの感染拡大」、そして「令和の日本型学校教育」が提唱され、GIGAスクール構想に代表される変革の波がさらに押し寄せています。

　現場の先生たちからは、「大変だ」「困った」という声がよく聞かれるようになりました。

　それもそのはずです。新しく学び、考えるべきことが出てきている中、勤務時間も上手に削減していかなければなりません。これまでどおりでは、うまくいかないこともきっと出てくるでしょう。

　これからの学校教育の中で大きな鍵を握っているのは、「ICT」です。

　本書では、

①どうやって「主体的・対話的で深い学び」を実現するのか
②授業にどのようにICT機器を関連させていくのか
③オンライン・ハイブリッド授業へのアイデア
④ICTを活用した働き方改革の実際

を収録しました。

　先生方の行ってきた「主体的・対話的で深い学び」を、ICTを活用してさらに発展させていく、ICTを活用してもっと働きやすい学校に変えていく。

　本書がそんなきっかけになればと願っています。

　そのためにも、ぜひ、学校の先生方とワイワイガヤガヤと話をしながら、校内研修、自主研修を実施していただければと思います。

　一人で静かに読むよりも、何倍も、何十倍も、学びが生まれ、アイデアが生まれ、そして「変化が生まれる」はずです。

TOSS/Lumiere
堂前直人

目次

第1章
新しい教育の波　早わかりキーワード

第2章
主・対・深の授業研修
"教えるから学ぶ" への転換

UNIT **2**

第3章
主・対・深を意識した
ICT端末活用のスキル研修

UNIT 3

第4章
令和の学校改革
働き方改革へのアップデート

UNIT 4

会議資料のICT化でペーパーレス会議

資料の揃え方－資料作成のポイント

職員会議に提案するためのマニュアル

巻末資料

コラム　もっとICT活用の主・対・深の授業づくり

本書の使い方

活用のポイント３
① 仲間と一緒に、取り組みましょう。
② 意見を交流しながら、取り組んでみましょう。
③ できそうなことからやってみましょう。

1

　この本は、「校内研修」の際のテキストとして活用してもらえるように、つくられています。

　若手の先生方の自主的な研修で。校外の研究会の仲間と。全校での研究に向けた基礎研修に。活用の幅は先生方の活躍のフィールドに合わせることができます。

　ぜひ、それぞれの場の仲間と一緒に、取り組んでみてください。

2

　１つの内容（１UNIT）が、およそ15分で終えられるようになっています。

　一度にまとめて使うこともできますし、短い時間の研修を定期的に重ねていくこともできます。

　１冊全ての内容を必ずやる必要はありません。

　必要な箇所を、必要なときに使っていただけます。

3

　仲間と研修を行う際には、テキストに書き込んだことや学んだことの感想など、意見を交流しながら行うことをおすすめします。

　学校の子供たちは、「対話的な学び」によって、自分の考えを広げたり、深めたりしながら学習を行っています。それが今、大切な力として考えられています。

　ぜひ、先生方にも、「対話的な学び」をしていただき、研修内容、そしてそこからの学びを広げ、深めていただきたいです。

特に新しい時代の教育が始まろうとしている時期です。

　一人で十を学ぶことも大切です。同時に十人で一を学ぶことは、学校全体が新しい教育方法にシフトチェンジしていくために、とても大切なことです。

4

　本書の中には、授業・校務分掌のICT化に積極的に取り組んでいらっしゃる先生の実践が豊富に紹介されています。

　中には、私には難しそう…、というものもあるかもしれません。そういったものであっても、スキルが高まればできるかも、と思えるようになります。なので、まずはできそうなものから取り組んでみることが大切です。やっていくうちにできることが増えていきます。

　また、誰かができるようになれば、それを教わるということも可能になります。なので、一人一人が様々なスキルを持ち寄れば、学校に必要なICTスキルは、どんどん高まっていくわけです。

　ですから、まずは、自分のできそうなところから、やってみたいところから、その思想で進めていきましょう。

5

　最後に、本書を使った研修の一例を紹介します。

　研修会、研究会開催の参考になれば、幸いです。

★準備するもの
　①使用するUNITのコピー（人数分）
　②筆記具
　③タブレットPC（１人１台端末）

★研修会15分の流れ
　（１）趣意を説明する
　（２）テキストに沿って進めていく（必要に応じて、意見交流）
　（３）疑問や感想を交流する

（1）趣意を説明する

　　主体的・対話的で深い学びが重視されるようになり、数年が経ちました。今はそこに、ICT機器の活用も求められています。

　　1人で勉強するには、あまりにもやることが多く、あまりにも未知の内容で、なかなか進まないかと思います。

　　そこで今回は、研修という形で、校内のみんなで授業をどうすればいいのかを考え、知恵を持ち寄り、〇〇小学校の教育を、今求められている教育の形に近づけていく機会にできたらと思っています。

　　よろしくお願いいたします。

（2）テキストに沿って進めていく

　　研修は、資料に沿って行っていきます。

　　途中、ご意見をいただく場面や実演してもらう場面もありますので、みんなで楽しくやっていけたらと思っています。

　　いきなりレベルの高い、難しいことをやってもきっとうまくいきません。まずはできそうなところから、やってみたいと思ったところから進めていく方が、自分たちも楽しくできると思います。

　　なので、先生方のほんのちょっとの気付きや疑問が大事だと思っています。ぜひ積極的にご意見、ご発言いただけたらと思います。

（3）疑問や感想を交流する

　　本日の内容は以上になります。実際に授業してみると、新しい気付きもきっと生まれることと思います。

　　ぜひ、職員室で、実践した様子も話していただいて、うまくいったことは他のクラスでも試してみたいものです。

　　逆にうまくいかなかったものは、どうしてうまくいかなかったのかを共有しましょう。子供に合わないのかもしれませんし、先生に合わないのかもしれません。何かを修正すればうまくいくのかもしれません。そういったことも、話す中で見えてくると思います。

（4）閉会

（愛知県名古屋市公立小学校　堂前直人）

第 1 章

新しい教育の波
早わかりキーワード

令和3年答申では、目指すべき新しい時代の学校教育の姿として

全ての子供たちの可能性を引き出す、個別最適な学びと、協働的な学びの実現

が提言されました。また、児童生徒の資質・能力を育成するためには、

1. 「個別最適な学び」と「協働的な学び」という観点から学習活動の充実の方向性を改めて捉え直すこと
2. これまで培われてきた工夫とともに、ICTの新たな可能性を指導に生かすこと
3. 1と2を通して、主体的・対話的で深い学びの実現に向けた授業改善につなげていくこと

が大切だとされています。

　上記にある、「個別最適な学び」については、子供一人一人の特性や学習進度、学習到達度等に応じ、指導方法・教材や学習時間等の柔軟な提供・設定を行うことなどが必要であることが述べられています。

　また、「個別最適な学び」と「協働的な学び」をより充実したものにするために、ICTを活用することが期待されています。ICTを活用することは

1. これまでにない量・質のデータを収集・蓄積・分析・活用し、個々の特性等にあった多様な方法で児童生徒が学習を進めること（例えば、学習履歴（スタディ・ログ）を活用したり、自ら見通しを立てたり、学習の状況を把握し、新たな学習方法を見いだしたり、自ら学び直しや発展的な学習を行うこと）ができる可能性
2. 時間的・空間的制約を超えて音声・画像・データ等を蓄積・送受信し、今までにない方法で、多様な人たちと協働しながら学習を行うことができる可能性

を広げることになります。

（神奈川県公立小学校　田丸義明）

UNIT ① 1．教育界の時事的課題のキモ

①個別最適化

○ **KEYWORD**

① 個別最適な学び

② 協働的な学び

令和３年答申の「目指すべき新しい時代の学校教育の姿」で発表された、○・×・□に入るキーワードは何ですか。

目指すべき新しい時代の学校教育の姿　　　　　　　　　　　　**令和３年答申**

> # 全ての子供たちの可能性を引き出す、
> # ○○○○な学びと、×××な学びの実現

「○○○○な学び」　＋　「×××な学び」の実現

１．上記の２つの観点から学習活動の充実の方向性を改めて捉え直すこと

２．これまで培われてきた工夫とともに、

　　　　　　　　　　　□□□の新たな可能性を指導に生かすことで

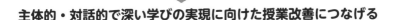

主体的・対話的で深い学びの実現に向けた授業改善につなげる

児童生徒の資質・能力の育成

○○○○な学び

→

×××な学び

→

□□□の新たな可能性

→

これだけは知っておきたい
「1人1台端末」10分で早わかり

令和元年12月19日に、文部科学省は「GIGAスクール構想の実現パッケージ」を公開しています。この文書には、GIGAスクール構想にににより、**「1人1台端末」**と**「十分な通信ネットワーク」**を整備することが求められています。

GIGAスクール構想の
実現パッケージ

1人1台端末は、「クラウド」を活用することを前提として配布されています。そのため、1人1アカウントが配布されているかどうかも、確認する必要があります。ちなみに、クラウドとは**「インターネットを通じて、サービスを必要な時に必要な分だけ利用できる」**という考え方です。

また、端末共通の仕様についても以下のように示されています。

・無線 IEEE 802.11a/b/g/n/ac以上	・LTE通信対応も可
・Bluetooth接続でないハードウェアキーボード	・音声接続端子：マイク・ヘッドフォン端子
・外部接続端子：1つ以上	・バッテリ：8時間以上
・重量：1.5kg未満　・タッチパネル対応	・インカメラ/アウトカメラ

この共通仕様から、文部科学省が何を求めているのかを読み取る必要があります。

例えば、「Bluetooth接続でないハードウェアキーボード」。これはフリック入力ではなく、「キーボード入力できる能力」を育成するために導入されているので、キーボード入力の力をつけるための授業を行うことが求められます。

では、「LTE通信対応も可」と「重量：1.5kg未満」から、文部科学省は何をねらっているのでしょうか。これは、「家に持ち帰る」ことを前提にしているということを意味します。家に持ち帰ることを前提としたとき、家庭にWi-Fi環境がない場合は、LTE接続もできるような仕様にしておく必要があります。また、子供たちが持ち帰るときに軽い端末の方が持ち帰りやすいため、重量の軽い仕様にしていることが予想されます。

「端末を持ち帰らせるかどうか」という議論を行っている学校があると耳にしますが、この議論は意味がありません。「端末は持ち帰る」ものだからです。

文部科学省は、「将来的には自分の持っている端末を、学校に持ってくる」ことを想定しています。このような考え方を、次のようにいいます。

BYOD（Bring Your Own Device）：個人が持っているタブレットやノートPCといったデバイスを学校でも利用すること

文部科学省から出ている資料から読み取れることはたくさんあります。ぜひ、ご一読ください。

（兵庫県公立小学校　堀田和秀）

UNIT ①　1．教育界の時事的課題のキモ

② 1人1台端末

（1）GIGAスクール構想により、各学校に整備しなければいけないものは何ですか。
2つ書きましょう。

① 1人1台 ⬚⬚

② 十分な ⬚⬚⬚⬚⬚⬚⬚

（2）配布された「1人1台端末」は、何を活用することを前提とされていますか。
その言葉の意味もあわせて書いてみましょう。

⬚⬚⬚⬚ 活用

＜上の言葉の意味を書きましょう。＞

⬚

（3）「学習用端末の標準仕様」として、文部科学省が子供に配布する端末に必ず
つけておくことを明記しているものを◯で囲みましょう。（複数に◯をつけて
も構いません。）

　①ハードウェアキーボード　　②マイク・ヘッドフォン端子

　③外部接続端子　　　　　　　④タッチパネル

　⑤インカメラ　　　　　　　　⑥アウトカメラ

　⑦1人1アカウント　　　　　⑧無線LAN

（4）GIGAスクール構想では、「いずれ個人保有の端末を学校に持ってくる」こ
とを想定しています。

　　　この考え方を何といいますか。アルファベット4文字で書きましょう。

⬚⬚⬚⬚

第1章　新しい教育の波　早わかりキーワード

p.17の問題で挙げた①〜⑫個の内容は、デジタル教科書で「全て」可能な事柄です。いくつか、授業での使用事例を紹介します。

使用する教科書のページを提示することで、子供たちへの視覚的な支援が可能になります。

教科書の範読音声を流すことができます。国語では、どこを読んでいるかも、線で示すことができます。教科書に線を引かせたり、何かを書かせたりする際も、デジタル教科書上で、ペン機能で書き込んで示すことができます。

算数では、教科書の図を拡大して、図に書き込んで示すことができます。間違えたら消して、書き直すことも容易です。子供が間違えそうなことをあえて提示して、間違いを指摘させ、消してすぐに書き直すと、子供の間違いも減ることが多いです。問題だけ拡大して、答えを示すこともできます。教科書への書き込みも、ペン機能でそのまま示すことができます。

また、普段、掛図や教師用の数図ブロックで作業するような場面も、デジタル教科書でできます。アプリのように動くので、「リセット」ボタンなどで、あっという間にやり直し、別の事例を示すことができます。

教科書の内容に適した動画へのリンクもつながっています。算数の文字や記号の書き方、漢字の書き順の動画、音楽の楽器や表現のやり方を示す動画、NHK for Schoolへのリンク、社会のインタビュー動画、理科の実験器具の扱い方ややり方の動画、外国語のスピーチ動画などを見せることができます。

漢字が読めない外国人児童のために、読みがなを振った教科書の本文を示したり、それを印刷したりもできます。背景色や文字色を変えることもできます。個別の状況に応じて、必要な支援をすることができます。

ほかにも、様々な機能が、それぞれのデジタル教科書に備わっています。まずは、教師自身が、デジタル教科書を開いて、たくさん触ってみてください。

＜参考資料＞
文部科学省「学習者用デジタル教科書の効果的な活用の在り方等に関するガイドライン」

（愛知県公立小学校　野村有紀）

UNIT ① 1．教育界の時事的課題のキモ

③デジタル教科書

KEYWORD

書き込み　　図の提示　　動画の再生　　範読　　図の拡大

　以下の12個の内容は、全てデジタル教科書でできることです。授業での活用場面を考えてみましょう。また、実際に触って確かめてみてください。

---

① デジタル教科書に、ペンやマーカーで書き込みができる。

② デジタル教科書に書き込んだものを、消したり、書き直したりが何度もできる。

③ 教科書の音読をしてくれる。

④ 算数の教科書で、必要な図を拡大して表示させることができる。

⑤ 拡大した図に書き込んだり、考え方を記入したりできる。

⑥ 算数で、数図ブロックや、時計の針を操作して、示すことができる。

⑦ 写真やイラスト、地図、グラフなどを、拡大して見せたり、必要な角度から見せたりすることができる。

⑧ 教科書に関連した動画、話、音楽などを再生できる。

⑨ 教科書の内容に対応した、外国語のネイティブ・スピーカー等が話す音声を聞くことができる。

⑩ 文字や数字の書き方、器具の扱い方など、学習内容に適した動画を再生できる。

⑪ 教科書の紙面の背景色・文字色を変更・反転することができる。

⑫ 教科書の漢字に読みがなを振ることができる。

※教科書の紙面に関連付けてドリル・ワークシート等を使用することができる。

＊授業で活用できそうな場面を挙げてみましょう。

CBT（シービーティー）とは、

Computer Based Testing（コンピュータ・ベースド・テスティング）

の略称です。

　簡単にいえば、「コンピュータを使って行う試験」ということになります。

　すでに、「英検CBT」や「漢検CBT」などの資格試験にも登場をしています。今後、「全国学力・学習状況調査」もCBT化が検討されています。

　調査にコンピュータを使うことで、次のような効果が得られるとされています。

① まず、先生たちが、紙のテストを配布したり、回収したりする必要がなくなります。先生たちの負担が軽減されます。

② 次に、回収から採点まで要する時間が短くなり、試験の結果をもとに、指導へのフィードバックが迅速に行えるようになります。

③ さらに、一人一人の「解答所要時間」もデータとして収集することができます。より違った角度からの分析が行われることになります。

④ 紙面によるテストは、情報漏洩の観点から試験を「同一日に実施」していました。CBT化することで、一人一人に対して、別の問題を出題することができます。

　つまり、問題が漏洩する可能性が低くなるため、「学校の予定に合わせた日程」での試験実施が可能となるかもしれません。

⑤ コンピュータの技能差が、試験の結果にも影響するのではないか、という意見も出ていますが、令和の教育の重要テーマに「情報活用能力」があります。

　学習指導要領の総則の中にも、「学習の基盤となる資質・能力」と記載されています。つまり、コンピュータを使う技能が育っていない、ということは、「情報活用能力の育成」に何か課題がある、と考えることができます。

⑥ そもそも、多くの資格試験がCBTになってきているという社会の動きを踏まえれば、子供たちが早いうちからCBTを体験することは、大きな財産になります。

（愛知県名古屋市公立小学校　堂前直人）

UNIT 1　1．教育界の時事的課題のキモ

④CBT評価

KEYWORD

① 全国学力・学習状況調査
② 情報活用能力の育成

CBTとは、　　　　　　　　　　　　　　　　　　の略称です。

英語検定や漢字検定でも採用されている　　　　　　　　　を使って行う試験のことです。

今後は、　　　　　　　　　　　　　　もこのCBT化が検討されています。

では、CBT化を進めることで、どのようなメリットがあるのでしょうか？
下に書いてみましょう。

例）採点が楽になる。

コンピュータを操作する技能の差によって、結果が大きく変わってしまうのではないか、という懸念もされています。

コンピュータ操作のような「情報活用能力」を育成することも、これからの時代には重要な課題となっています。

CBT評価を実施することによって、「情報活用能力」の評価にもつながります。

これだけは知っておきたい
「学校課題化のヒント」10分で早わかり

　文部科学省によって示された『令和の日本型学校教育の構築を目指して』にも、オンライン学習、ハイブリッド学習についての記述があります。

　これまで実施してきた学習活動の中には、オンライン化（ハイブリッド化）をすることで、より安心・安全に行えたり、時間を短く、効率的に行えたりするものがあります。また、これまでは実現できなかったようなことも、オンラインであれば可能になるということもあります。

　いくつかアイデアを紹介します。

1　現地の人にインタビュー

　5年生社会科の学習では、日本の水産業について学びます。海辺で暮らしている子供たちには身近かもしれませんが、山間部や都市部の子供たちにとっては、資料の中での学習になってしまいがちです。

　そこで、実際に水産業に従事している方へ連絡を取り、Zoomのようなオンライン会議システムを使用してインタビューをするという活動を盛り込んでみてはどうでしょうか。オンラインであったとしても、「本物」の話は子供たちに響くはずです。

2　隣の小学校と交流

　国語科で何かを発表したり、スピーチをしたりする単元があります。今までであれば、クラスの中や学年の中での発表というのが多かったかと思います。

　それを思い切って、隣の学校の同じ学年の子供たちと行ってみてはどうでしょう。話し手側も、聞き手側も、相手が変わることでこれまで以上に熱心に活動に取り組めるはずです。

3　個人懇談会もオンラインで

　学級懇談会、学年懇談会、家庭訪問、個人懇談会、三者面談など、保護者との会合をオンラインで実施してみるということも考えられます。

　会に際して、仕事の調整をしている保護者の方がたくさんいます。そういった保護者の負担を減らすことができます。

　例えば、4月と3月は対面での学級懇談会、学期末の個人懇談会はオンラインでなど、それぞれのよさを生かしていくとよいかもしれません。

（愛知県名古屋市公立小学校　堂前直人）

年	月	日

UNIT ① 　**２．地域と共にーユニークな活動づくり**

学校課題化のヒント

🔑 **KEYWORD**

① オンライン学習
② ハイブリッド学習

　学校教育の中には、地域と連携することで、より教育効果が大きくなっているものが多数あります。では、地域と協力しながら行っている教育活動には、どのようなものがあるでしょうか？　下に書いてみましょう。

例）スーパーマーケット見学

　上記のような教育活動は、これからの時代に合わせて変化をさせることができます。

　例えば、スーパーマーケットの見学は、「オンラインで実施」することができます。

　オンライン化（ハイブリッド化）することで、天候に左右されずに見学をすることができます。また、移動に時間を使わないので、事前の学習、事後の学習をより充実させることもできそうです。

　教育活動のオンライン化（ハイブリッド化）には、どのようなメリットがあるでしょうか？　下に書きましょう。

第1章　新しい教育の波　早わかりキーワード

これだけは知っておきたい
「不登校」10分で早わかり

　不登校への対応には「未然防止」「早期支援」「関係機関との連携」が大事です。「未然防止」には、「魅力ある学校・学級づくり」「不登校のサインを絶対に見逃さないこと」が大切です。「早期支援」には、アセスメントによる適切な個別支援、「関係機関との連携」には、「保護者」「学校」「関係機関」での情報の共有と連携歩調が大切となってきます。

1　未然防止

　授業が知的で、休み時間に友達と遊んでいれば、学校は楽しい。そのような学級になるよう努力しましょう。その上で、日頃から子供たちの変化に気を配っていくことも担任として大事な仕事でもあります。例えば、子供が2日続けて休んだら電話をする、4日続けて休んだら家庭訪問を行う、などの対応を日頃から心掛けたいものです。担任からのこまめな連絡は保護者にとっても子供にとっても嬉しいものです。このようなことが未然防止につながります。特に夏休み明けは要注意。気になるご家庭には、子供の様子を聞いたり、お家の人と話をしたり、未然に防ぐために電話をします。

　欠席が続く場合も、大切なことは、自分のために先生が会いに来てくれた、電話をしてくれたことなのです。早めに保護者とも話をする機会をもちましょう。

2　早期支援

　不登校になる前に、登校渋りの段階があるのが一般的です。そうなったときに、管理職の指示の下、全職員で対応していきましょう。

　学級担任による児童・家庭への連絡、学級集団による登校刺激のほか、**養護教諭**、**スクールカウンセラー**、**元担任**、**特別支援教室担任**、**不登校担当教員**と共に、学校における不登校対策体制の整備・構築、不登校の全体的な傾向や要因等の分析、登校支援会議や校内研修の企画・運営、関係機関、学校との連絡・調整等が考えられます。

3　関係機関との連携

　外部の関係機関との連携も重要です。これらの連携は管理職が中心となります。例を挙げると、①**民生児童委員**、②**スクール・ソーシャル・ワーカー**、③**子ども家庭支援センター**、児童相談所、④**保健所**、⑤**福祉事務所**などがあります。

【参考文献・HP】
児童・生徒を支援するためのガイドブック（東京都教育委員会）
石川県七尾市立小丸山小学校「不登校対応マニュアル」
TOSSLAND「不登校対応マニュアル」田村治男
「不登校の予防と対処」松井明

（東京都公立小学校　三浦宏和）

UNIT 1 3．危機管理－子供たちを守る学校の役割

不登校

🔑 KEYWORD

| 全国で約18万人　　低学年からの不登校　　高学年では１万人超 |
| 要因の複雑化　　未然防止　　早期支援　　関係機関との連携 |

　文部科学省の令和元年度の調査では、全国で約18万人（小学生５万３千人・中学生12万７千人）の不登校児童生徒がいることがわかっています。

　学年別で見ると、学年が上がるにつれて増加し、高学年では１万人を超え、中学生になると一段と急増し３万人を超えています。また、少ないようでも、全国的に見ると７千人以上の児童が１・２年生のうちから不登校になっています。

　児童・生徒によっては、不登校の時期が学業の遅れや進路選択上の不利益、社会的な自立へのリスクも存在します。そのため、新たな不登校を生まないよう、「未然防止」の取組を進めることが必要です。また、不登校の予兆への対応を含めた早期の段階から組織的・計画的な支援が必要です。

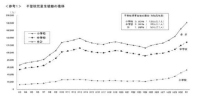

（出典：「令和元年度 児童生徒の問題行動・不登校等生徒指導上の諸課題に関する調査結果について」令和２年11月13日（金）　文部科学省初等中等教育局児童生徒課）

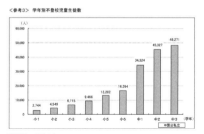

（出典：同上）

【参考】「令和元年度 児童生徒の問題行動・不登校等生徒指導上の諸課題に関する調査結果について」（令和２年11月13日（金）文部科学省初等中等教育局児童生徒課）

Q　では、どのような「未然防止」「早期支援」の方法があるでしょうか。
　　どのような場面で、どのような対応が必要か書いてみましょう。

もっとICT活用の主・対・深の授業づくり①
オンライン授業の種類

コラム COLUMN 1

教育再生実行会議初等中等教育WG（2020.09.24）にて、東北大学の堀田龍也氏より提示された資料「ICT活用による新たな学びと指導体制・環境整備の在り方について」によると、一口にオンライン授業といっても、実は大きく分けて2つの形式に分かれます。

1つは「同時双方向でのオンライン学習」であり、もう1つは「オンデマンド学習」ということになります。

それぞれ実例を挙げながら、詳しく解説をしていきます。

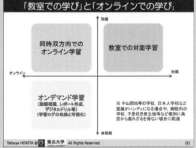

1 同時双方向でのオンライン学習

オンライン会議のシステムを使った「リアルタイムでのオンライン授業」ということになります。代表的なアプリでいえば、Zoom、Teams、Meetが挙げられます。

教師も子供もパソコンやタブレットを使い、「同時に」オンライン上で「やりとりをする」ことになります。したがって、「マイク」や「カメラ」を使用します。

普段の授業と異なり、子供を集中させることや進度の確認をすることが非常に難しく、指導者側のオンライン授業のスキルも求められる学習形態になります。

また、ネット環境やパソコンの能力に不足があると、うまく受講できないことがあるので、配信したものを録画しておくことも重要になります。

2 オンデマンド学習

「動画視聴」や「ＡＩドリル」に代表される、自主学習型のオンライン授業になります。それぞれの学習の進度に合わせて取り組むことができるので、個別最適な学びを実現する一助となります。

学習動画を自作する場合には、映像編集のスキルが必要になることもあります。

また、教室での授業にオンデマンド学習を組み合わせることで、学習への理解や技能の定着を助けることができるのでは、といわれています。

（愛知県名古屋市公立小学校　堂前直人）

第 2 章

主・対・深の授業研修
"教えるから学ぶ"への転換

UNIT 2 － (1)

主・対・深の「国語」授業研修

1　これをすれば必ず「主体的・対話的で深い学びが実現する」という授業はありません。「どのような授業をしていけば、主体的・対話的で深い学びが実現するのか」を、授業を通して、試行錯誤する中で見つけていくことになります。

　　授業するに当たって、「主体的とはどのような姿なのか」と、定義したり、イメージしたりすることや「どのような学習活動、場面によって子供たちは主体的になるのか」など、仮説を立てることが必要です。この仮説と実際の授業の差について教師が振り返ることで、授業がブラッシュアップされてきます。

A：「主体的」とは、どのような子供の姿だと考えますか。

B：主体的に取り組むためには、どのような学習活動、場面が考えられますか。

C：対話的な学習活動には、どのようなものが考えられますか。

D：深い学びとは、どのような状態のことだと考えますか。

2 「主体的な姿」を導くためには、子供自身が「やってみたい」（活動型）や、「どうしてだろう」（疑問型）と感じられる学習活動の設定が必要です。例えば、

> クラブや委員会のことを低学年の子に、こんなことを伝えたい。そのために、こんなことをしよう。（活動型）
> ぼくはこう考えたけれど、Ａさんはこう考えている。どうしてだろう？（疑問型）

さらに、子供たちに

> この課題は、こうやって学習を進めていけば達成できそうだ。
> この学習では、このようにして進めていった。それに対してこうしたらもっとよくなると思う。

といった「見通し」と「振り返り」の視点をもたせるとも大切です。

こういった「単元ごとに子供の興味関心を高める」学習活動の設定とともに、

> なぜ学習するのか、学習することの意味を理解している。
> 学習を通して、有用感を感じられている。

このようにさせる手立てを用いることで、「学習することに対して、主体的に取り組む子」を育てることができます。

3 「対話的な学習活動」にはどのようなものがあるでしょうか。隣同士や班で話し合う場面、クラス全員で話し合う場面などが考えられます。その際に、

> 個人で考えをもつ → 班で考えを伝え合う → 全体で話し合う → 個人で考えをまとめる

というように「人数」や「相手」を変えて、対話的な学習活動を取り入れる工夫ができます。

第2章 主・対・深の授業研修 "教えるから学ぶ" への転換

27

「対話的な学び」は「子供同士の話し合い」以外にもあり得ます。中央教育審議会答申では、「対話的な学び」について、「子供同士の協働、教職員や地域の人との対話、先哲の考え方を手掛かりに考えること等を通じ、自己の考えを広げ深める」と、書かれています。

　つまり、「子供同士の話し合い」以外にも、教師や見学先の担当者の方、ゲストティーチャーとの「対話」、資料を通しての「対話」などもあるということです。

4　授業の例を紹介します。

> 　いわし雲大いなる瀬をさかのぼる　（飯田蛇笏）

という俳句があります。次のように授業ができます。

> １　何度か読みましょう。

> ２　言葉を辞書で調べます。

　いわし雲は、秋によく見られる雲で秋の季語になっていること、
　瀬とは、「流れが急な川」「川の浅い所」ということを確認します。

> ３　この句に出てくるものは何ですか。

　「いわし雲」「瀬」であることを確認します。

> ４　この俳句を絵にします。

　子供たちの絵は、３年生でも５年生でも６年生でも、右の３つになりました。

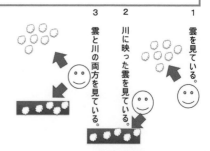

1　雲を見ている。

2　川に映った雲を見ている。

3　雲と川の両方を見ている。

> 5　それぞれ、どのような情景かを簡単に説明してください。（絵の説明）

　1は、空を瀬に見立てている。空を流れるいわし雲の様子を俳句にしたという意見。

　2は、川を見ている。川に映ったいわし雲の様子を詠んだものという意見。

　3は、空と川の両方を見ているという意見。

　それぞれの意見を聞くことによって、子供同士の「考えのずれ」が生まれます。この「ずれ」こそが「ぼくはこう考えたけれど、Aさんはこう考えている。どうしてだろう？」という学習への主体的な態度へつながります。

> 6　自分はどの意見に近いのか、班の人と話し合いをします。

　まずは、班ごとに話し合い（対話）をします。初期段階では、「私はこう考えました。なぜかというと……。」「〇〇さんに質問です。……。」という話型を用いると話し合い（対話）を進めやすくなります。また、全体で話し合う（対話）をする前に班で話し合いをすることによって、自分一人では意見をもつことが難しい子や、大人数の前では発言することが苦手な子への支援になります。

> 7　全体で、話し合いをします。

> 8　最初に、自分一人で考えました。友達との話し合いを通して、自分の考えがどうなったのかをノートに書きます。

　最初に自分一人で考えさせます。その後、友達との話し合いを通して、意見が広がったり、深まったりしていたら、「対話を通して深い学び」につながったと見取ってよいかと思います。

　こういった経験を通して、子供たちに「話し合い（対話）を通して課題を解決することの楽しさや有用感」を感じさせられると、より主体的な学習への態度につながっていきます。

（神奈川県公立小学校　田丸義明）

UNIT **2** － (2)

主・対・深の「社会」授業研修

　社会科の学習の本質は「問題解決への過程をたどらせる」ことです。そのために、資料の読み取りや調べ学習、討論を通して、問題解決するために必要な学習技能を子供たちに教えていくことが大切です。

　5年生「米づくりのさかんな地域」を例に「主体的・対話的で深い学び」について考えます。

①　庄内平野の写真の読み取りから、子供が主体的に取り組む学習課題をつくる

　　には、子供同士のもの見方や考えの　　　　　　　を取り上げて学習課題にします。

②　　　　　　　を取り上げ学習課題にするには、写真を見て　　　　　　　

　こと・　　　　　　　こと・　　　　　　　　　ことをノートに箇条

　書きで書かせます。

③　深い学びにするには、出された子供の意見を　　　　　　することが大切です。

④　対話的で深い学びのある授業をするには　　　　　　が最適です。

⑤　調べ学習をするときには、どの　　　　　　を使って、どうやって

　　　　　　　かを確認します。

1　写真や絵などの読み取りを通して社会的な見方・考え方を身に付ける

（１）子供が主体的に取り組む学習課題をつくる

　教師から提示された課題では、子供たちが主体的に取り組むことは難しいと思います。子供たちから課題が出ることが望ましいですが、こちらも難しいでしょう。そこで、

> 子供同士のものの見方や考えのずれを取り上げて学習課題にする

ことで主体的に学習に取り組むことができます。子供同士では、ものの見方や考えのずれはどうしたら生まれるのでしょうか。次のやり方で進めることで可能ではないかと考えます。

（2）写真の読み取りの技能を身に付ける

> 　ある限定された場面の写真・表・絵・実物などを示し、「わかったこと・気付いたこと・思ったこと」をノートに箇条書きで書かせます。

　例えば、３年生なら「スーパーマーケット店内イラスト」、４年生なら「ゴミ箱の中身」、５年生なら「雪国のくらし写真」、６年生なら「長篠合戦図屏風」、などが考えられます。ここではたくさん書かせることが大切です。その後、ノートに書いたことを発表させます。
　５年生「米づくりのさかんな地域」では、庄内平野の写真を見て、「田んぼがたくさんある」「家が少ない」などの意見を発表するでしょう。ここで大事なのは、

> 出された子供の意見を分類することです。

　次ページの表はTOSS最高顧問・元小学校教諭である向山洋一氏が実践した「雪小モデル」です。「雪小モデル」をもとに分類をすると、はじめ、圧倒的に多いのは、「〜がある」「〜が大きい」など、Aに分類される意見です。しかし、Bの方がAよりも意見のレベルが高いことがわかります。学習課題になる意見はAの意見からは見つからないので、BからⅠに分類される意見を出させないといけません。そのために、

① 右の表を提示し、「BからIに入る
　意見はないかな？」と問いかけます。
② BからIに分類される意見を発表し
　たら「すばらしい。10点プラス」な
　ど、子供たちの意見を評定します。
③ 何を書いたらよいかわからない子が
　いますので、「この写真は朝、昼、夜
　のいつの写真ですか」「みんなの住ん

A 子どもの意見分類表　一人 最低（ ）：最高（ ）総数（ ）		
	目についたこと	くらべたこと
もの・形 ～がある ～が大きい 白い ①人 ②建物 ③のりもの ④山・川・自然 ⑤道具・機械 ⑥かんばん ⑦その他	A	E
分布　～が多い、少ない、いっぱい	B	F
地域的・空間的なこと　どこ、どちら向き	C	G
時代的・時間的なこと　いつ、何時	D	H
その他		I

でいる場所と比べて何が違いますか」など、発問に答えさせて教えます。
　子供の意見を分類することで「苗の色が緑色なので、田植えをしたばかりであ
る」と「苗を植えてから大きくなっているので、田植えをして1か月ぐらいであ
る」という意見を比べて、「この写真は何月の写真か」などの課題設定をするこ
とができます。また「なぜ、川の近くに住宅が集まっているのか」などの学習課
題もできます。

2　調べたことをもとに討論をする

　対話的で深い学びのある授業をするには討論をすることです。討論のテーマと
しては、5年生「新潟か沖縄どちらに住みたいか」、6年生「戦国時代を代表す
る人物は誰？」などが挙げられます。
　「米づくりのさかんな地域」の学習において、「米の輸入を増やすべきか」で討
論をします。
（1）自分の考えをもち、調べ学習をする
　増やすべきか増やすべきではないかに対する自分の考えをノートに書かせま
す。その上で、調べ学習をしますが、大切なのは次の点です。

> どの資料をどうやって調べるか確認することです。

　「資料集で米の輸入について調べる」「インターネットで外国の米について調べ
る」など確認する必要があります。確認せずに調べ始めると時間をかけても何も
進んでいない子がおり、深い学びには程遠い状態になります。

（2）討論において調べたことを根拠に意見を発表する

①自分の考えを発表させる

　「私は増やすべきだと思います。なぜなら農家が減ってお
り、日本で作った米だけでは足りなくなるかもしれないから
です」「輸入を増やすと、日本で米農家がいなくなってしまい
困るので増やすべきではありません」など、調べたことや自分の考えを発表しま
す。ノートに書いてあることを発表しているため難しくないので、次々と発表さ
せます。ここでのポイントはできるだけ多くの子に発表させることです。

②友達の意見に対する質問をさせる

　子供たちから賛成意見や反対意見が出るのが望ましいが、一部の子が意見を
言って終わってしまいます。そこで質問を考えさせます。はじめは「輸入って何
ですか」などの質問がたくさんでますが、続けていくと、「輸入を増やすけど、
輸出も増やせば、外国で日本の米がたくさん売れるかもしれないということです
か」と反対意見のような質問もでます。「いい質問だね」と褒めるとよいと思い
ます。

③反対意見を発表させる

　友達の意見に対して反対意見をノートに書かせます。「確かに自動車は外国に
輸出しているから米の輸入を増やさないのはできないと思います」など、ノート
に書いた意見を発表させます。発表した子を褒め、全体にどう思うか問いかけま
す。隣や周りの子と相談してもよいこととします。反対意見に対する反対意見も
認めます。

④もう一度、自分の考えをノートに書く

　友達の意見を聞いて、考えの変更有無にかかわらず、討論終了時点における自
分の考えをノートに書きます。討論前と同じ考えでも、友達の意見を受けた上で
根拠を明らかにして自分の考えを書かせます。教師が結論づける必要はありませ
ん。自分なりの結論を書いて発表できればよいでしょう。「十五年戦争は、いつ
どの時点は止められたか」は、倉山満氏（憲政史家）「1944年レイテ戦で特攻隊
が出ていれば、アメリカは講和したかもしれない」、清水馨八郎氏（歴史家）「ソ
連とアメリカの計画なので、止めることは不可能」など、研究者たちの意見を紹
介することで子供たちの深い学びになります。

<参考文献>『社会科「主体的・対話的で深い学び」授業づくり入門』谷 和樹著（学芸みらい社）
「教育トークライン№480　№498　№532　川原雅樹氏論文」（東京教育技術研究所）

（愛知県公立小学校　宮島　真）

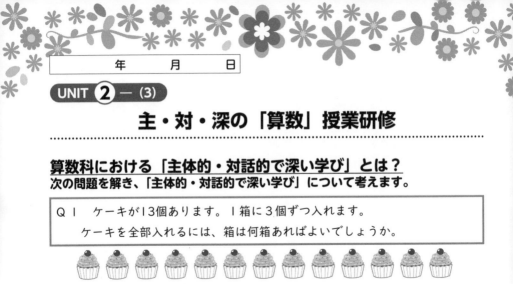

UNIT ②—(3)
主・対・深の「算数」授業研修

算数科における「主体的・対話的で深い学び」とは？
次の問題を解き、「主体的・対話的で深い学び」について考えます。

> Q1　ケーキが13個あります。1箱に3個ずつ入れます。
>
> 　　ケーキを全部入れるには、箱は何箱あればよいでしょうか。

（1）上のケーキを3個ずつ囲みましょう。

（2）あなたの考えは、いちろうくんとりかさんのどちらと同じですか。○をつけ

ましょう。

> あまったケーキ1個も箱に
> 入れるから5箱です。

> 4箱とあまり1個だから
> 4箱です。

　　　　　　　　いちろう（　　）　　　　　　　　　　りか（　　）

（3）式と答えを書きましょう。

> 式
>
> 　　　　　　　　答え

> Q2　花が36本あります。この花を8本ずつの束にして花束を作ります。8本
>
> 　　ずつの花束はいくつできますか。

> 式
>
> 　　　　　　　　答え

> Q3　算数科における「主体的な学び・対話的な学び・深い学び」を一言で説
>
> 　　明します。□にあてはまる言葉を書きましょう。

主体的な学び…問題に □ 的に関わる。
Q1（1）のように絵を囲むなど、問題に積極的に関わることが、主体的な学びです。

対話的な学び… □ のやりとりをする。
Q1（2）のように自分の答えを説明したり、他の考えを聞いたりするなど情報のやりとり
をすることが対話的な学びです。

深い学び… □□ ・ □□ を次に生かす。

　Ｑ１の解き方を参考にしながら、（2）の問題を解きました。見方・考え方を次に生かすことが深い学びです。

本テキストは「独立行政法人教職員支援機構「主体的・対話的で深い学び」を実現するための研修用テキスト開発　04」をリライトしたものです。

（解説）

　Ｑ１のような問題を見たときに、「難しそうだなあ」とは思わずに「よし、やってみるぞ」という気持ちをもたせることが大事です。既存の知識を使って解けそうだという見通しをもたせることも必要です。その際に、図を囲んだり、図をノートに囲んだりするような問題に積極的に関わる主体的な学びが重要なのです。

（発問・指示例）

> 　ケーキを３個ずつ囲んでごらんなさい。

　授業の中では、（2）のような意見を学級の中で話し合う場面をつくります。自分の意見を発表したり、友達の意見を聞いたりすることで、理解が深まります。このような情報のやりとりは１人の学習ではできません。情報のやりとりは、相手がいて成立することです。対話的な学びということができます。

（発問・指示例）

> 　ケーキを３個ずつ入れました。箱はいくつあればよいですか。ノートに書きなさい。
> 　書けたらお隣の人と自分の意見を言い合いっこしなさい。

　Ｑ１の問題のポイントは、あまりをどう扱うかです。あまりの扱いは問題場面によって変わってきます。Ｑ２も同じく、あまりの扱いが出ます。問題場面を正しく読み取る必要があります。

　このように一度行った問題を次の問題でも生かすことで、見方・考え方を次に生かすと深い学びになるといえます。

（発問・指示例）

> 　今度は花束の問題です。先程のケーキの問題と同じように解いてごらんなさい。

教科書の問題をどのように「主体的・対話的で深い学び」に展開するか

Q１ 復習です。

算数科における「主体的な学び・対話的な学び・深い学び」を一言で説明します。

主体的な学び…問題に 　　 的に関わる。

対話的な学び… 　　 のやりとりをする。

深い学び… 　　 ・ 　　 を次に生かす。

「主体的・対話的で深い学び」を展開するために、次の問題をどのように展開しますか。

Q２ 下のような形の面積を求めましょう。 Q３ 下のような形の面積を求めましょう。

「**主体的な学び**」は…

「**対話的な学び**」は…

「**深い学び**」は…

（解説）

　主体的な学びを展開するためには、下記のように図にかき込んだり、補助線を引いたりし、積極的に関わらせる発問・指示を出すことが重要です。

（発問・指示例）

> 　図に線や数字、矢印などをかいて、考え方が一目見てわかる図にしてごらんなさい。

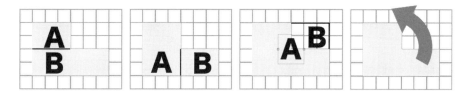

　対話的な学びになるためには、上記のような図をズラッと出させ、どのように考えたかを子供たちに説明させる活動を入れるとよいです。説明を言ったり、聞いたりすることで情報のやりとりをさせるのです。

（発問・指示例）

> 　自分の考えを黒板にかきなさい。どのように考えたのかを説明してごらんなさい。

　Ｑ３を解く際に、Ｑ２のときのように図にかき込んだり、線を引いたりする方法を生かすことができたならば、**深い学び**となったといえます。

（発問・指示例）

> 　図に線や数字、矢印などをかいて、考え方が一目見てわかる図にしてごらんなさい。

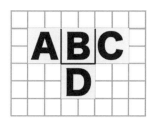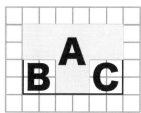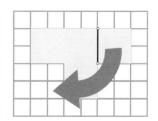

（北海道公立小学校　赤塚邦彦）

UNIT ② ─ (4)

主・対・深の「理科」授業研修

　「主体的・対話的で深い学び」とは、そもそもどのような学びを示すのでしょうか。ここでは、「自由試行」という理科の授業を進める１つの方法を例に挙げながら、それを解説していきます。

　まず、「自由試行」の定義について。「自由試行」とは

> 物を与え、たっぷりと自由な体験を積ませること

を示します。向山洋一氏が、「じしゃく」の学習を進める手段として用いた「自由試行」。その授業記録を参考にすると、「主体的・対話的で深い学びを実現する」授業の流れを、以下のように考えることができます。

> ①子供に磁石を与え、たっぷりと自由な体験を積ませる（「自由試行」）
> ②「自由試行」を行いながら、「わかったこと・気付いたこと・思ったこと」を記録させる
> ③「わかったこと・気付いたこと・思ったこと」をもとに意見交流をさせる
> ④磁石についての学びをまとめる

　なぜ、この授業が「主体的・対話的で深い学び」を実現するのか。それぞれの定義をもとに見ていきましょう。

1　主体的な学び

> 　「主体的な学び」とは、学習課題について問いをもち、その解決や実現に向けて、計画や方法を自ら考えて取り組み、結論を得る学びである。
> 　　　　　　　（『小学校　新学習指導要領　ポイント総整理』より引用）

　この「自由試行」は、まさしく「主体的な学び」を実現しています。そもそも「試行」とは、大まかな見通しをつけた上で、実験や観測を繰り返し行うことを意味します。例え自由な体験であったとしても、子供は問いをもつから試行し

てみようとするのです。意識的にしろ、無意識的にしろ、そのような無数の問い
を、自ら考えた計画・方法で解き明かしていこうとするのです。

2 対話的な学び

> 「対話的な学び」とは、一人で学ぶだけでなく、他者と協働する語りや話合
> いなどの対話を通した学びである。
>
> 　　　　　　（『小学校　新学習指導要領　ポイント総整理』より引用）

　「主体的な学び」で述べた「自由試行」は一人一人で進める学習、いわば個の
学習です。次に、その「自由試行」を通して得た発見や疑問点を学級の仲間と共
有していきます。その方法は

> 黒板に１人１つ意見を書かせる

ことです。子供が「自由試行」をしている最中、「わかったこと・気付いたこ
と・思ったこと」をノートやカードにメモさせておきます。そして、そのメモの
中から、自分が選択した、より質の高い意見や、共有したい疑問・発見を黒板に
書かせていくのです。

　するとどうなるでしょうか。仲間の発見から新たな気付きが生まれたり、似た
意見を分類することで法則性を見つけ出すことができたりします。さらに、未解
決の疑問を教室で共有することにより、他者と語ったり、話し合ったりしなが
ら、共通の課題を解決していくため、協働的な学びが生まれるのです。

　例えば、向山洋一氏が実践した「じしゃく」の授業では、子供たちから出た意
見を以下の９種に分類しています。

> ① 何につくか。また、何につかないか。
> ② 磁石のどの部分につくか。
> ③ 磁石のひきつける力はどれくらいか。
> ④ いろいろな磁石で、（※砂鉄が）さまざまな形になる。
> ⑤ ＮとＮ、ＳとＳは逃げる。ＮとＳはひきあう。
> ⑥ さえぎるものがあってもつく場合がある。
> ⑦ 磁石は鉄に転移する。
> ⑧ Ｎは磁針となって北を指す。

⑨　（※上記から）導かれる法則的現象に反する怪奇現象がある。

（教え方のプロ・向山洋一全集8　『子どもが生き生き理科「じしゃく」の授業』より引用　※は筆者が付け加え、書き換えた部分）

　　子供が「自由試行」を経て書いた意見を分類するだけで、すでに磁石のはたらきの大部分を発見することができています。

　　さらに、向山洋一氏は、未解決の疑問を学年通信に載せ、保護者を巻き込みながら、親子で話し合う機会を与えています。

　　授業内でも、書いてある情報の真偽を確かめるために、再度実験をし、その結果を話し合いによって検証していくということで、協働的な学びが生まれてくると考えることができます。

3　深い学び

　　「深い学び」とは、教科の本質に迫る学びであり、習得した学習内容を活用したり、探究のプロセスを踏まえたりする学びである。

（『小学校　新学習指導要領　ポイント総整理』より引用）

　　理科の本質とは何でしょうか。それは「科学的な見方や考え方を養う」ということです。「科学的」とは、実証的・合理的・体系的に物事を考えること。これらの3つの言葉の定義を以下に記します。

　　「実証」･･･確かな証拠に基づいて証明すること
　　「合理」･･･その考えが論理的に正しいと判断されること
　　「体系」･･･一定の考え方で矛盾のないように組織された、理論や思考の全体

　　これまでの「自由試行」や「自由試行」をもとに行った協働的な学習を通して、これらの科学的な見方や考え方は、すでに実現できるようになっています。無数の試行を通して得た学びは「実証的」なものとなり、他者との意見を交流し、説明することを通して「合理的」なものとなり、数多くの意見を分類することにより「体系的」なものとなるのです。つまり「主体的」で「対話的」な学びを通して得た知識をまとめることで、この「深い学び」が実現します。

　　さらに、次の文章を引用します。

> 実験や話合いのような協働的な学習の後には、個の学習に立ち戻り、一人一人の知識の定着（まとめ、振り返り、テスト）や知識を活用する場を計画しなくてはならない。　（『小学校　新学習指導要領　ポイント総整理』より引用）

　ここで大切になってくるのは、学びをまとめるということ。その手法には次のようなものがあります。

> ・磁石のはたらきについて意見文・分析文を書く。
> ・磁石についての学びをノートの見開き２ページにまとめる。

　以上の手法を活用することによって、知識の定着を図り、知識を活用する場を用意することができます。まとめた学びを再度交流させることによって、より質の高い深い学びをつくり出していくことも効果的です。

　大切なことは、これらの主体的・対話的で深い学びを実現する授業を続けていくことです。回数を重ねるごとに、子供たちは、より密度の高い主体的な学び、対話的な学び、深い学びを実現していくことでしょう。

＜参考文献＞
『小学校新学習指導要領ポイント総整理』片平克弘・塚田昭一編著（東洋館出版社）
教え方のプロ・向山洋一全集８『子どもが生き生き理科「じしゃく」の授業』向山洋一著（明治図書）
『教室ツーウェイNEXT創刊号』（学芸みらい社）

（愛知県公立小学校　久米亮輔）

年	月	日

UNIT 2 – (5)

主・対・深の「体育」授業研修

　体育科の中で、「主体的・対話的で深い学び」を実現するために、どんなことを工夫していますか？　下に書きましょう。

　ここでは、「ゲーム」または「ボール運動」を例に、授業での工夫を紹介していきます。

1　「主体的」を生み出す工夫

　「主体的な学び」は、運動の楽しさや意義等を発見し、運動や健康についての興味や関心を高め、課題の解決に向けて粘り強く自ら取り組み、それを考察するとともに学習を振り返り、課題を修正したり新たな課題を設定したりする学びの過程です。

> 運動の楽しさや喜びを味わわせよう！

　ボール投げゲームであれば、ボールを投げて「鬼退治をしよう」「ポケモンをゲットしよう」など、課題設定をする上では、子供たちの興味や関心の喚起をしていくことが重要です。そして、練習中には「足を前に踏み込んで投げられていますね！」など、教師がシュートやパスのポイントを意識しながら練習できるように意図的に褒めていき、楽しさを感じながら運動できることも大切です。

> めあてをもって様々な運動に取り組ませ、見通しをもたせよう！

　オリエンテーションや導入でのねらいの確認をしていきます。学習の流れや対戦表、役割分担などを子供たちが見えるところに掲示し、学習の流れが一目でわかるようにしておくとよいでしょう。また、子供たちが手に取るボールは、発達段階に応じて持ちやすく投げやすいものがあるかなど、教材や教具の工夫をした

り、学習過程においてスモールステップで達成感を味わわせていきながら、体力向上を実感できるようにしたりすることも大切です。

2 「対話」を生み出す工夫

「対話的な学び」は、課題の解決に向けて、児童生徒が他者（書物等を含む）との対話を通して、自己の思考を広げ深めていく学びの過程です。協働的な学習を重視します。

> 友達の遊び方やよい動きを真似したり、よかったところを伝え合わせたりしよう！

方法としては、「どんな方法をとるとシュートが決まりやすくなるか」など、見合いや教え合いのポイント、チームで話し合う観点を提示し、新たな気付きを対話的に見いだせるようにします。子供たち同士で気付いたことや友達のよさを教室に掲示することで共有する方法もあります。

試合の合間に、教師が発見したよい動きを共有し、他にも工夫をしたり転用したりできるように呼び掛けるのも有効な手立てです。また、ICT機器を使って動画を撮影し、個人やチームの動きについて客観的に見たことをもとに思考させることもできます。

3 「深い学び」を生み出す工夫

「深い学び」は、試行錯誤を重ねながら、思考を深め、よりよく解決する学びの過程です。体育科の「見方・考え方」を豊かで確かなものとすることを重視するものです。

> 運動の楽しさや喜び、体力向上を実感できるよう価値付けをしよう！

教師の積極的な言葉掛けが大切です。個々の動きの技能面、思考・判断面について、「パスが上手だね！」「相手の動きをよく見ているね！」「守りの人がいないところに自分から動けていたね！」など、意図的に賞賛の言葉掛けを行っていきましょう。

また、振り返りの時間を設定し、友達のよい動きを紹介し合う活動などを通して、この学習を通して学んだことや成果に価値付けを行い、次に生かすようにさせていくと、子供たち自身に新たな課題設定を促すことができます。

（東京都公立小学校　三浦宏和）

年　　月　　日

UNIT ②ー(6)
主・対・深の「外国語」授業研修

　外国語科における「主体的・対話的で深い学び」をするためには、どのような工夫が必要でしょうか？　下に書きましょう。

　伝え合う活動をする時に、大切にすることはどんなことでしょうか？

　ここでは、第6学年「My Summer Vacation夏休みの思い出」を例に、授業の工夫を紹介していきます。

1　「主体的」を生み出す工夫

> 導入が大事！　伝える必然性をもたせ、意欲を引き出そう！

　子供たちから「英語を話してみたい！」という意欲を引き出すには、伝える「必然性」をもたせ、コミュニケーションを行うことへの意欲を高めることが大切です。つまり、子供たちの興味のある題材の選定をしなければなりません。そして、誰かになりきって何かを話したり、架空のことを話したりさせるだけではなく、本当の自分自身の考えや気持ちを表現させることが非常に大切です。やりとりをして伝わった楽しさを味わう経験を積み重ねることが、次への意欲につながります。

　どの学年においても、外国語科の指導内容や活動は、児童の興味・関心に合った題材で、他教科等で学習したことを活用したり、学校行事で扱う内容との関連付けをしたりするなどの工夫が期待されています。

> 見通しをもたせましょう。

　単元のゴールの言語活動を理解し、それを意識しながら各時間の言語活動に取り組ませましょう（多くは教科書の単元の最後にあるような活動です）。まずは、単元のゴールの言語活動を子供の前で実演する。単元のゴールの言語活動に向けて、どのような語彙や表現が必要かを子供が考える時間を設けたり、学習到達目標をもとに、どのような力を付けたいかを明確にし、子供と共有したりすることが必要です。

2　「対話」を生み出す工夫

> 相手意識がとても大事！

　児童は、「いいな～」や「本当に？」などの相槌を打ちたくなるかもしれません。そのような反応の言葉は、この単元のような、より自然なコミュニケーションの機会にこそ指導する絶好のチャンス。大切な言葉を繰り返して相手の発話内容を確認することや、短い言葉でも感想の言葉を述べて反応しながら聞くことなどの指導を行い、話し手の児童が「気持ちよく会話できた」と実感できるようにしたいものです。相槌や感想を述べながら聞くことを、活動を通じて指導し、そのような聞き方がより豊かなコミュニケーションにつながるものであるということを実感させましょう。そのためにも、相手意識がとても大事となってくるのです。

グループでのスピーチ活動に使える
相互評価ワークシート

> 　参考に、文部科学省初等中等教育局視学官・直山木綿子氏の「なるほど！小学校外国語」シリーズの4講座を視聴しておくことをすすめします。
>
> ① 　② 　③ 　④

> 伝え合うに値する「内容」で学習させましょう。

　「対話的」な活動にするためにわかりやすい方法として、ペアでの対話活動を取り入れることがあります。しかし、その対話活動が外形的なものとならないようにしなければいけません。そのために留意することとして、①対話する目的があること、②対話する（伝え合う）内容が互いに未知であること、が挙げられます。この単元では、互いがどのような夏休みを過ごしたかを知らないという点で「対話的」であるといえます。このような「対話的」な活動に取り組めるようにすることが、思考を広げ深める対話的な学びの実現になるのです。

3　「深い学び」を生み出す工夫

> 自分の生活や体験したことと結び付けさせましょう。

　自分の生活や体験したことと結び付けさせて、振り返って次につなげるようにしましょう。
　子供たちが、単元のゴールの言語活動を振り返って、できるようになったことを自覚したり、次にできるようになりたいことを考えたりしていることが大切です。
　この単元で大切にしていることは、何を伝えると「一緒に過ごしてみたいな」と相手に思ってもらえるか、そのためにどの言語材料を使うとよいかを児童自身に考えさせる（選ばせる）ことです。I went to~. /I enjoyed~. /It was~. などの言語材料を、「意味」がわかった上で、夏休みの思い出を伝え合うという「場面」の中で、その言語材料を使う「目的」（自分の夏休みの思い出の楽しさを相手に知ってもらうことなどの目的）をもった上で使用させる。そのことが、「深い学び」の実現には欠かせません。つまり、児童が、「意味」と「場面」、「目的」を結び付けながら言語材料を使用して言語活動に取り組んでいるという状態にすることが大切なのです。

> 対話を続けるための基本的な表現の定着を図る。

　「話すこと」によるコミュニケーションを行う際に欠かせないことが「対話を続けるための基本的な表現」です。我々が母語で対話をする際にも、相手の話した言葉を繰り返して話し手が伝えたい内容を確かめたり、相手の話したことに何らかの反応を示したりすることで対話は続くものです。小学校高学年では、「対

話を続けるための基本的な表現」として、次の6点を指導することが考えられます。

【対話を続けるための基本的な表現例】

対話の開始	対話のはじめの挨拶 Hello./How are you? /I'm good. How are you? など
繰り返し	相手の話した内容の中心となる語や文を繰り返して確かめること 相手：I went to Tokyo. 自分：(You went to) Tokyo. など
一言感想	相手の話した内容に対して自分の感想を簡単に述べ、内容を理解していることを伝えること That's good./That's nice./Really? /That sounds good. など
確かめ	相手の話した内容が聞き取れなかった場合に再度の発話を促すこと Pardon? /Once more, please. など
さらに質問	相手の話した内容についてより詳しく知るために、内容に関わる質問をすること 相手：I like fruits. 自分：What fruits do you like? など
対話の終了	対話の終わりの挨拶　Nice talking to you./You, too. など

> たくさん間違える。

　最後にもう1つ大切なことが授業環境です。教室に「間違えても大丈夫」という雰囲気をつくっておくことです。それは学級の仲間づくりが基盤となりますが、教師の姿勢も大切となります。教師自らが英語を使おうとするモデルとなり、児童と共に学ぶ姿を見せることが、児童に安心感を与えます。ウィリアム・ルーカスの著書『英語は"速く"間違えなさい』の中には、「言語を習得するためには、約25万～100万個の間違いをおかすことが不可欠」とあります。小学生のうちから、間違えることに抵抗なく積極的にコミュニケーションをとっていく子供たちに育てていきましょう。

参考文献：『小学校外国語活動・外国語　研修ガイドブック』（文部科学省）

（東京都公立小学校　三浦宏和）

第2章 主・対・深の授業研修 "教えるから学ぶ" への転換

UNIT **2** ー (7)

主・対・深の「道徳」授業研修

　授業づくりをしながら、「主体的・対話的で深い学び」について考えます。
教材を１つ決めましょう。

1　目標設定

①内容項目を確認します。

②生徒の実態を把握します。内容項目に対して、何ができて、何ができていませんか。何を知っていて、何を知らないですか。

③授業の目標を決定します。この教材で何を学ばせたいですか。

2　指示発問の作成

①中心発問を作成します。授業の目標と照らし合わせて作ります。

②前後の発問を作成します。中心発問までのステップを考えます。

③導入を作成します。

④終末を作成します。

（1）主体的な学び

　子供が問題意識を持ち、自己を見つめ、自己の生き方について考えることです。そのためには、授業目標がはっきりしている必要があります。登場人物の心情理解や、望ましいと思われることを言わせたり書かせたりすることに終始しないようにしましょう。

（2）対話的な学び

　「自分ならどうするか」という観点から道徳的価値と向き合い、自分とは異なる意見を持つ他者と意見を交わしながら、道徳的価値を多面的・多角的に考えることです。

　2−①や②の中心発問や前後の発問の時、どこで意見交流を入れるのか考えます。その時、「個人」→「ペア・グループ」→「全体」→「個人」というような流れが望ましいです。まずは、自分の意見を持つことが大切です。その意見をもとに近隣と意見交流をします。そして、自分の意見に自信を持ったり安心したりすることで、全体に対して発表できるようになっていきます。

（3）深い学び

　全体で意見交流した後に、自己を見つめ直し、自己の生き方について深く考えることです。様々な考え方を知った上で、自分はどうするのか、もう一度考え、まとめることが大切です。

（4）道徳教育を通じて育成すべき資質・能力について
①　何を知っているか、何ができるか（知識・技能）
②　知っていること・できることをどう使うか（思考力・判断力・表現力等）
③　どのように社会・世界と関わり、よりよい人生を送るか（学びに向かう力、人間性等）

　様々な教材を通じて、道徳的価値を多角的・多面的に考え、自己の生き方について考えられるような授業づくりを目指します。

（埼玉県公立中学校　豊田雅子）

UNIT **2** — (8)

主・対・深の「図工」授業研修

　図画工作科の中で、「主体的・対話的で深い学び」を実現するために、どんなことを工夫していますか？　下に書きましょう。

（空欄）

　ここでは、絵を描かせる場面を例に、授業での工夫を紹介していきます。

1　「主体的」を生み出す工夫

> 導入が大事！　作品を見せ、意欲を引き出そう！

　子供たちの興味を一気に引き付け、作ってみたい！　という意欲を引き出すには、「作品を見せること」が一番です。写真でもいいですが、それ以上に「実物」はインパクトがあります。先生が試作したものであれば、なお素敵です。
　さらに手本は１種類よりも数種類あった方が、作品のイメージが広がります。

> 意識すべき課題を明確に！

　作品作りの中で課題とすべき点を意識させられるかはとても重要です。「めあて」という言い方もできるでしょう。例えば、「スパッタリングを使って表現しよう」「クレパスの色を混ぜて色を塗ってみよう」「仲のいい色（同系色）を使ってみよう」「物の大きさを意識して描いてみよう」などが挙げられます。

こういった課題が、作品作りの中で曖昧になってしまうと、「ただ絵を描く」ということにもなりかねません。また、それ以上に評価をする際に、先生自身が困ってしまうことにもなりかねません。

2 「対話」を生み出す工夫

> 途中鑑賞で、自分の工夫を紹介しよう。

多くの場合、作品作りは複数時間、複数日にわたります。そこで、子供たちを対話させ、「この方法も面白そうだな」「もっとこうしてみたい」という気持ちを引き出します。そうすることで、作品作りにさらなる工夫が施されることになります。

方法としては、「友達の作品を見て回ってごらん」と自由に見て回らせる方法や「グループで絵を見せ合います。工夫しているところを伝えなさい」のように少人数で交流する方法もあります。先生がランダムに作品を見せ、「どこが工夫されていますか」と子供たちに聞き、「この部分が素敵だね」と褒めながら、観点を示していく方法もあります。

この方法は、完成した作品を鑑賞する際にも使えます。

3 「深い学び」を生み出す工夫

> 教えすぎない。子供のアイデアにたくさん驚いてやる。

つい、子供たちを見ていると、こうしたらいいのに…、もっとこうして…、と手や口を出してしまいたくなります。そこをグッと我慢して、子供たちに任せてみる。「先生、こんな風になったよ！」と見せにくる子供たちに、「すごい！　いい工夫だね！」と驚いて褒めてあげる。

そうすると、きっと他の子供たちが集まってきます。そんな中で、「もっとこうしたら？」が生まれてきます。見ている子にも、作品を作った子にも学びが生まれます。

（愛知県名古屋市公立小学校　堂前直人）

UNIT ②—(9)

主・対・深の「家庭科」授業研修

　家庭科の中で、「主体的・対話的で深い学び」を実現するために、どんなことを工夫していますか？　下に書きましょう。

　ここでは、「季節に合わせた衣服の工夫」を例に、授業での工夫を紹介していきます。

1　「主体的」を生み出す工夫

> 　自分たちの生活体験を想起させよう。

　普段当たり前のように着ている衣服も、それぞれの工夫やこだわりがあるはずです。「夏（冬）の服装で意識していることは何ですか？」と、まずは子供たちにたくさん書き出させ、発表させてみましょう。色を意識している子もいれば、生地を意識している子もいます。意見が集まってくると、キーワードが見えてきます。そのキーワードをもとに、次の授業へとつなげていきます。

> 　最終局面（単元のまとめ）を意識させる。

　衣服の学習であれば、例えば最後に「ファッションショー」のような発表場面を準備します。季節に合わせた衣服の着方を工夫することを学ぶわけなので、

実際にそのような服装が意識できるのか、が大切になります。もちろん、口頭やワークシートでも学習することは可能です。しかし、より楽しそうな活動の方が、子供たちはノッてきます。子供がやってみたい！　と思う活動を仕掛けるのも、主体的な姿を生み出す1つのポイントになります。

2　「対話」を生み出す工夫

> 討論させる。

　先述したように、それぞれの服装の工夫を発表させたとします。例えば、「色」「生地」「見た目」「快適さ」「値段」など、様々なキーワードが導き出されるでしょう。

　その後、「あなたなら、どれを一番重視しますか？」と問います。これは価値観を聞いているので、正解はありません。それぞれの考えでよい問題です。だからこそ、様々な考えが交錯します。考えが交錯するからこそ、新しい考えに出会い、考えが広がっていきます。また、反論されたり、質問されたり、ということもあります。そうやって、自分の考えを他の考えと比較し、見直すことで、深まりも生まれていきます。

　他にも、「売る人ならば、どれを重視しますか？」「親ならば、どれを重視しますか？」のような視点を変えた問いも面白いです。

3　「深い学び」を生み出す工夫

> 最初の自分と最後の自分を比べる。

　ファッションショーをした後に、子供たちに、どんなことを意識したのかを記述させます。単元の冒頭でも同じように、「意識していること」を問いました。同じ質問をもう一度問うことで、以前の自分と今の自分を比較させます。

　新しい知識や学びを得て、以前よりも考えが広がったり、深まったりしているならば、それは授業を通して、子供たちが成長をしたという証であり、よい授業だったということです。

（愛知県名古屋市公立小学校　堂前直人）

UNIT ②ー(10)
主・対・深の「生活科」授業研修

　生活科といえば「活動あって学びなし」といわれてきました。しかし、「主体的・対話的で深い学び」にするには、体験や活動は欠かせません。そこで、以下のポイントを取り入れることで主体的・対話的だけでなく、深い学びのある生活科授業になります。

　２年生「紙ひこうきをとばそう」の実践を例に、主体的・対話的で深い学びについて考えます。

① 主体的・対話的な学びにするには、　　　　　　　　　　まで実物にふれさせます。

　紙を与えて、子供たちに自由に作らせます。子供たちの中には、すぐに作り始める子や、どうやって作ればよいか困ってしまう子など、様々です。様々な実態の子供たちに紙飛行機に対して気付きをもたせるには、時間を与える必要があります。作った紙飛行機を持って一人で飛ばしたり、友達と一緒に飛ばしたりします。

② 対話的で深い学びにするには、発表→　　　　　　　　　　→実践で考えを
　深めさせます。

　　その中で大切なのは、意見を　　　　　　することと局面を　　　　　するこ
　とです。

1　工夫や頑張りを褒める

　TOSS最高顧問・元小学校教諭である向山洋一氏は、理科教育の根本としてこう述べています。

> 子供が飽きるまで実物にふれさせる。

　生活科においても同様です。十分な経験を与えなければ「気付き」はありません。

　２年生「紙ひこうきをとばそう」では、「先生、折り方を変えてみた」「遠くに飛んだよ」など、自分がした工夫や頑張りを報告に来る子がいます。そこで大切なのが

> 「すごいなあ。どうやってやったの？」と驚くことです。

　教師が驚くと、子供たちは自分も褒めてほしいと思い、自分の工夫や頑張りをどんどん報告に来るようになります。

2　発表→話し合い→実践で考えを深めさせる

（１）意見を分類する

　子供たちは、遠くに飛ばしている子の作り方や飛ばし方を真似したり、どうやっているのか聞いたりしている様子が見られます。そこで「どうすれば紙飛行機を遠くに飛ばすことができるのだろうか」という課題を設定します。子供たちは紙飛行機を自由に作ったり飛ばしたりした経験から、自分の考えを発表します。「斜め上に向けて投げる」「違う紙にする」「折り方を工夫する」など、様々出てくるので意見を分類します。例えば「投げ方」「紙の種類」「折り方」などと分類をします。

（２）局面を限定する

　話し合い活動では、例えば「折り方の工夫を考えてみよう」と局面を限定します。このように局面を限定することで、話し合いが焦点化されます。話し合いで意見が分かれときは「実際にやってみよう」と意見が出た折り方を試すことで検証できます。検証の際には、「今日のチャンピオンを決めよう」「全員、あの線まで飛ばそう」など、目標に変化をつけることで飽きずに主体的に取り組むことができます。

<参考文献>
教え方のプロ・向山洋一全集8『子どもが生き生き理科「じしゃく」の授業』向山洋一著（明治図書）
（愛知県公立小学校　宮島　真）

UNIT ② ― (11)

主・対・深の「音楽」授業研修

次の題材で、「主体的・対話的で深い学び」について考えます。

題材：情景を思い浮かべながら、言葉を大切にして歌おう。

教材：「夏の思い出」　江間章子　作詞／中田喜直　作曲

1　範唱を聴き、歌えるようにします。

（1）　指示：聴きます。

　フラッシュカードを見せながら範唱をする。

尾瀬の風景	霧の中の風景	水芭蕉	石楠花色に染まっている風景	尾瀬の風景

（2）　指示：歌います。

2　歌えるようになった後の発問を考えます。

（1）情景を思い浮かべたり、言葉を大切にしたりするための発問

（2）旋律の秘密を見つけるための発問

例）発問：尾瀬の景色を表す言葉はどれですか。歌詞に線を引きます。

　　　　どこに線を引いたか発表させます。それから、写真でその風景を見せます。

発問：水芭蕉はどんな花？　大きいの？　小さいの？　手で表します。

　　　手で表現することで、水芭蕉の大きさを体感させます。

指示：両手サイズで歌います。

指示：片手サイズで歌います。

発問：どちらがふさわしいですか。

発問：「水のほとり」とはどのような場所ですか。

指示：流れのある水のほとりで歌います。

指示：透き通ってゆったりとした流れの水のほとりで歌います。

発問：どちらがふさわしいですか。

発問：「はるかな尾瀬　遠い空」が最初と最後に出てきます。
　　　違いは何ですか。

　歌い比べることで見方・考え方を出し合い、曲想にふさわしい表現方法を見つけていきます。

（1）主体的な学び

　興味関心を持ち、学習活動への見通し、課題を解決していこうとすることです。

　聴いたり、歌ったりしながら、この曲の情景や旋律の工夫について考えていけるようにします。

（2）対話的な学び

　学習活動において、他者と意見交流する中で多様な見方・考え方を学ぶことです。

　まずは、自分が考えを持つことが大切です。個人→ペア・グループ→全体→個人、というように最後には自分に返って、改めて考え直します。

　全体共有によって、見方・考え方のレパートリーを得ることができます。

（3）深い学び

　見方・考え方のレパートリーを得て、自分はどう考えるのか、どう表現したいのか、を深めていきます。

　「音楽的な見方・考え方」がポイントです。音楽を形づくっている要素として音色・リズム・速度・旋律・テクスチュア・強弱・形式・構成などに注目させて自分の思いを表現できるようにしていきます。

　「何ができるようになるか」を明確にすることで、何を学ぶか、どのように学ぶか、という授業の組み立ての筋道が見えていきます。

（埼玉県公立中学校　豊田雅子）

もっとICT活用の主・対・深の授業づくり②
オンライン授業の進め方

　オンライン授業は、授業の進め方によって、大きく2つに分けることができます。それぞれのやり方と気を付ける点を紹介します。

1　パソコンの画面に教材を提示して進める

　先生のパソコンの画面を提示しながら、学習を進める場合は、「画面共有」を行います。そうすることで、子供たちの画面にも同じものが表示されるようになります。子供たちはその画面を見ながら、先生の声を聞いて、授業を進めることになります。

　画面を共有してしまうため、画面上では子供たちの様子を把握しにくいので、別の画面で子供たちの活動を見守る必要があります。

　また、子供たちに提示する資料を作る必要があるので、事前の準備に時間をかけることになります。

　資料と同時に先生の姿も映し出す方法もあるため、子供たちからすると、自然と授業に集中できる形式の授業です。

2　教室の黒板を使って授業を進める

　右のイラストのようなイメージです。「ビデオカメラに向かって普段通りに授業する」ということです。それだけでは子供の様子がわからないので、別の端末で、子供たちの様子を把握しながら、授業を進めるということになります。

　一人で配信するのでなければ、この形式の方が、初めてオンライン授業に挑戦する先生にとって、心理的なハードルは低いのではないかと思います。

　タブレットPCであれば、それをそのままビデオカメラとして使用することで、難しい配線や機材の準備も必要なくなります。

　タブレットに内蔵されているマイクだと、距離が遠くなるため、上手に集音できないこともあります。そのような場合には、「マイク」が必要になります。

（愛知県名古屋市公立小学校　堂前直人）

第3章

主・対・深を意識した
ICT端末活用のスキル研修

UNIT ③ ―（1） 1. 初体験教室＝はじめの一歩はここから
自由に触らせる

．．

　はじめの一歩は、とにもかくにも子供に触らせることである。

> 「自由に触ってごらんなさい」
> 「何か発見したら、先生に教えてね」

　子供たちは、大喜びである。「先生、体温がわかりますよ！」「わぁ、このカメラいいです！」「録音もできます！」教師はそれを聞いて、驚く。前から知っていることでも驚く。「体温がわかるんだぁ、便利だなぁ」と驚く。

　これだけで１時間である。

　そして、次の日。私の場合は、Googleアースを使わせた。

　Googleアースのアプリをタップさせる。

　「先生の方を見なさい。タブレットは今、触りません」

　ここはとても大事だ。教師の説明を聞くときは、絶対にタブレットを触らせない。

　教師が電子黒板で、地名を打ち込むところを見せる。

　「わぁ！！！」と子供たちから声があがる。

> 「では、みんなもグーグルアースで、自由に旅してごらんなさい」
> 「コロナウイルスで、みんな旅行に行けていないでしょ。自由に行ってごらんなさい」

　子供たちは、自由に調べる。ディズニーランド、世界遺産の場所、などなど。

> 「何か楽しい場所、面白い場所を見つけたら、周りの友達に教えてあげてね」

　こうすると、自然と子供たちが情報を交換するようになる。

　これだけで１時間である。

そして、次の日。

Googleアースのメジャー機能を教えた。長さが測れる機能である。

昨日と同じように、まず教師が電子黒板で手本を見せる。

昨日と同じように、必ずこちらを向かせる。タブレットを触らせない。

> 「いろいろと長さを測ってごらんなさい」

子供たちは、運動場の長さを測ったり、関門海峡の長さを測ったりしていた。

ここも、教師が驚く。

「わぁ、そんなに長いのか？　へぇ〜〜！」と驚く。

これだけで１時間。

そして、次の日。

社会科の学習とつなげた。古墳の学習である。

> 「古墳を見つけます。長さも測りなさい」
> 「１つノートに書いたら、持っていらっしゃい」

子供たちから素敵な発言がどんどん出てくる。

「先生、いろいろな形がありますよ！　丸があります！」

「古墳がたくさんあるところがあります。すげぇ、集まっています」

「なんで、清末小にはないのですか？」

どれもこれも、社会科の授業で取り上げたいことばかりだ。

① 　自由に触らせていく。
② 　１つ１つスキルを教えていく。
③ 　教師は驚く。褒める。
④ 　子供が発見したスキルは、全体に広げていく。

この４つの手順で、進めていく。

いきなり教えようとせずに、自由に触らせていくことが大事である。

（山口県公立小学校　林　健広）

UNIT ③ — ⑵　1．初体験教室＝はじめの一歩はここから
子供たちに伝えておきたい話と活用方法はじめの一歩

1　はじめに子供たちに伝えたい話

① 年度当初、子供たちに端末の使い方を改めて確認します。どのような話をしますか。書いてみましょう。

（例）「１人１台の端末は、鉛筆であり、教科書であり、ノートです。学習のために使います。〇〇市（町村）が皆さんのために貸してくれています。もちろんタダでは手に入りません。お金はどうしていると思う？（指名などして子供たちの予想を聞いてもよいでしょう。）〇〇市（町村）の大人たちが働いて、お給料の中からみんなで出し合った「税金」というものから支払われています。大切に使っていきたいですね。もう一度、〇〇小学校のきまりを確認してみましょう。」

② パスワードの管理についても、改めて確認します。どのような話をしますか。

（例）「パスワードはおうちの鍵と同じです。もしおうちの鍵を落としてしまったり、おうちの鍵の暗証番号がバレてしまったらどうなりますか？（指名などして子供たちの意見を聞いてみましょう。）鍵を拾った人、暗証番号を知った人が悪い人だったらどうなると思いますか？（指名などして子供たちの意見を聞いてみましょう。）パソコンでも同じです。いいことは何も起こりません。

　だからパスワードは人に教えないこと。もし教えてしまったり知られてしまったら、すぐ先生に教えてください。」

2 活用方法はじめの一歩

① 文字入力を教えよう →「検索」が可能になり、調べ学習ができます。

　文字入力の方法には主に4つあります。正しい組み合わせを線で結んでください。

A　フリック式　・　　　　　・素早く多くの文字の入力が可能

B　タイピング式・　　　　　・声を入力する。簡単に多くの文字の入力が可能

C　音声入力　　・　　　　　・タッチして線を引く。端末がテキスト変換

D　手書き入力　・　　　　　・タッチすることで入力が可能

＜参考＞パスワード入力でありがちなミス

　誤入力：誤って別の文字を入力したり足りなかったりする。

　大文字・小文字：大文字が小文字に、小文字が大文字になっている。

　全角/半角：半角入力が基本だが、全角になっている。

　Caps lockキーがオン：誤ってキーを押してしまい、オンになっている。

② 写真や動画を撮ってみよう

　「写真や動画を撮る」操作は簡単です。どの学年・教科でも活用できます。どの教科で、どんな学習活動が考えられますか？　できるだけたくさん書いてみましょう。

（例）

国語：学校の中で「自分の好きな場所」を写真撮影。写真を見せながら話して発表。

算数：問題に対する自分の考えを写真撮影。スクリーンに投影しながら意見を出し合う。

理科：植物の成長を毎日1枚写真撮影。変化を観察する。

社会：社会科見学に班で1台持参。写真や動画撮影。事後学習で活用。

外国語：対話活動を動画撮影。発表の様子を振り返ったり、リスニングにしたりする。

体育：マット運動で技を動画撮影。動きのチェックをする。

音楽：自分たちの合唱や合奏を動画撮影。鑑賞する。

図工：作品を写真撮影。記録として残す。

家庭科：調理実習で手順ごとに写真撮影。振り返りで活用。

（長野県公立小学校　高見澤信介）

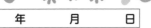

UNIT **3** ー (3)　2. ここまでできる！　ICT端末活用の校内研修
いつからどんなデジタル学習が必要かー１、２年

　多くの先生方は、１人１台端末となれば、各自の端末でネット検索したり、レポートを書いたりする活動を想像します。しかし、低学年での端末活用は、まずは「文字」以外です。音声入力や手書き入力でネット検索やレポート作成も可能ですが、文字に頼らない活動が優先です。「パソコンを使って文字入力をしないなんて」と驚くのは教師であって、子供にとっては大したことではありません。

①ログイン（パスワードの配布・保管）、起動とシャットダウン、電源の接続

　１人１台端末を使う以上、１年生でも取り組まないといけないのが、ログイン・ログアウトです。パスワードの入力は必要ですが、だからといって文字入力の指導まで踏む込む必要はありません。

　ネットモラル学習の第一歩として、「パスワードを他人に教えない」「端末の貸し借りは行わない」は、しっかり教えておく必要があります。端末はネットにつながっていますので、パスワードがわかれば、自宅で別の端末からでもアクセスできるところが便利であり、危険でもあるのです。

②教師の指示したリンク先を閲覧したり、簡単なアンケートに答えたりする

　アンケートは文字入力ではなく、「はい・いいえ」「１番から５番」のような選択型（クリック型）にします。自分の回答が結果に反映するアンケート集計は、子供の関心も高いです。

　人気の給食メニュー、人気のアニメ番組、お楽しみ会のプログラムなど、いろんな場面でアンケート回答させてみましょう。また、子供たちにもアンケート作成に関わらせて、何をどう質問し、どんな選択肢で回答させるとよいかを考えさせることは情報教育の第一歩になります。質問が悪くて答えられない、回答に漏れがあったりダブりがあったりしてアンケート結果がうまく活用できないといった失敗を繰り返すことで、情報収集や情報整理の仕方を学べます。

③指定された動画を視聴する

　教室で各自が動画視聴となると、音声をどうするか、イヤホンの使用などの課題はありますが、先生が指定したリンクをクリックして、動画を視聴できると、学習の幅が広がります。

④お絵描き

子供たちは、自由帳へのお絵描きや落書きが大好きです。せっかく、いい絵が描けたのに途中で消去するのは残念ですから、保存する方法もきちんと教えてください（クラウドに保存するから、いつでも、どこでも続きができるのです）。

⑤写真撮影（写真加工）

　アサガオやヒマワリなどの観察に便利なのが写真撮影です。実物をスケッチするよりも、画像を見ながらスケッチする方が上手に描き写せるので、子供たちもスケッチに自信が持てます。図工の作品も写真を撮って保存しましょう。特に立体作品は家庭に持ち帰る前にバラバラになることが多いですから、完成した作品の画像が残してあるのはありがたいことです。

　低学年の場合は、写真をタブレットに映し出しながら、作品紹介する活動が取り組みやすいです。

⑥動画撮影

　教科や朝の会で自己紹介スピーチをすることがあります。スピーチの様子を自撮りして繰り返し練習させてみることをおすすめします。⑤で紹介した図工などの作品写真と一緒に作品紹介のスピーチ動画を保存しておくと保護者にも喜ばれます。

⑦簡単なプログラミングソフト（「プログル」など）

　お絵描きや写真の挿入に慣れてきたら、簡単なプログラミングソフトもお絵描き感覚で取り組めます。

⑧手書き入力での意見交流

　Google Jamboardは、手書きで文字入力ができるので、「みんなで書き込む」という体験をさせるにはちょうどいいです。１人１台端末は「自学自習」だけでなく「協働学習」に役立つことを意識させたいです。

⑨個別学習ドリルのような自習サイト

　個々の進度に合わせて自学自習を進めていけるソフトが無料・有料を含めて、いくつかあります。学校や自治体の許可を得て、利用可能なところは、ぜひ「個別最適な学び」を進めてもらいたいです。

⑩オンラインミーテイング

　オンラインミーテイングや、オンライン授業に取り組み、入室や退出、画面共有やチャットでの反応の仕方などに慣れさせてください。

※子供にやらせっぱなしでは、個人差が生じてしまいます。

　デジタル学習は個人差が激しく、自分のペースで快調に進めていける子もいれば、最初の画面で立ち往生している子もいます。タブレット端末嫌いの子を生まないためにも、机間指導と個別支援を行ってください。（愛知県公立小学校　竹田博之）

第3章　主・対・深を意識したICT端末活用のスキル研修

UNIT ③ - (4)　2. ここまでできる！　ICT端末活用の校内研修

いつからどんなデジタル学習が必要か－３、４年

Q１　３・４年生のデジタル学習のキーワードは何ですか。

① [　　　] による習熟　② [　　　　　] 入力

Q２　子供たちの端末を管理するためのアプリが「Googleクラスルーム」や「Microsoft Teams」です。これらを使うメリットは何でしょうか。

① [　　　　　] のやりとりができる。

② 資料の [　　　] ができる。

③ [　　　] の作成や提出ができる。

Q３　「Googleフォーム」や「Microsoft Forms」を使うと、アンケートやテストなどを簡単に作成、配布できるようになります。 授業の中で活用するとしたら、どの教科のどんな単元で使えそうですか。下に箇条書きしましょう。

1　3・4年生のデジタル学習のキーワード

キーワードは「**反復**による習熟」と「**ローマ字**入力」です。

ICT端末に慣れるためには、「短時間」で「繰り返し」取り組む方がよいでしょう。

4月から週１回、朝自習の時間を使って、次の学習活動をさせるとよいでしょう。

> ①ログイン→②Googleクラスルーム（またはMicrosoft Teams）→③「キーボー島」でローマ字学習

最初のうちは時間差も生じます。それを埋めるのが「キーボー島アドベンチャー」を使ったローマ字学習です。ローマ字を習っていない３年生も、ゲーム形式なので楽しく学ぶことができます。教師はGoogleクラスルームにキーボー島のURL（https://kb-kentei.net）を送っておきます。早くログインが終わった子からそのＵＲＬをクリックし、ローマ字入力の練習を始めていきます。そうすれば時間差も埋められますし、教師は個別にサポートしていくこともできます。

2　GoogleクラスルームやMicrosoft Teamsを使うメリット

最大のメリットは、チャット機能を使って「**メッセージ**のやりとりができる」ことです。職員室と教室、あるいは学校と家庭など、離れた場所からもやりとりできます。

「資料の**共有**」や「**課題**の作成・配布」もできるので、ログインしたらGoogeleクラスルームやMicrosoft Teamsにアクセスする習慣をつけるとよいでしょう。

3　3・4年生の間に必要な学習とそのために必要なアプリ

GoogleフォームやMicrosoft Formsを使うと、アンケートやテストが簡単に作れます。子供たちの入力したデータが即座に集計され、グラフ化することもできるので、授業の中で活用することもできます。

GoogleアプリにはJamboardというホワイトボード機能を持つアプリもあります。今まで付箋を使ってやっていたことをオンライン上ですることができます。複数の端末で共同編集もできますし、学習ログも残せます。おすすめのアプリです。

（島根県公立小学校　太田政男）

UNIT ③ − (5)　2．ここまでできる！　ICT端末活用の校内研修
いつからどんなデジタル学習が必要か−5、6年

クラウドサービスを使いこなそう

　　GIGAスクール構想により配備される1人1台の端末

は、[　　　　　]**の活用を前提**としたものである

ため、高速大容量ネットワークを整備し、

教育情報セキュリティポリシー等で

[　　　　　]**の活用を禁止せず、**

必要なセキュリティ対策を講じた上で活用を促進

（3）ICT環境整備の在り方
・GIGAスクール構想により配備される1人1台の端末は、クラウドの活用を前提として
　ものであるため、高速大容量ネットワークを整備し、教育情報セキュリティポリシー等
　でクラウドの活用を禁止せず、必要なセキュリティ対策を講じた上で活用を促進
・義務教育段階のみならず、多様な実現を踏まえ、高等学校段階においても1人1台端末
　環境を実現するとともに、端末の更新に向けて丁寧に検討
・各学校段階において端末の家庭への持ち込みを可能とする
・デジタル教科書・教材等の普及促進や、教育データを累積・分析・利活用できる環境整
　備、ICT人材の確保、ICTによる校務効率化

Q1　四角の中には同じキーワードが
　　　入ります。カタカナ4文字です。　　　　答え：

引用：「令和の日本型学校教育」の構築を目指して（答申）　中教審第228号　より

Q2　次のアプリの説明として、正しいものを線で結びましょう。

① 　② 　③ 　④ 　⑤ Google Sites　⑥ 　⑦

「共同編集」が
できるデジタル
ホワイトボー
ド。

プレゼンテー
ション作成ツール。多様なテン
プレート付き。

Googleの表計
算アプリ。複数
人で同時編集
も可能です。

アンケートフォー
ム作成ツール。
管理、集計の機
能付きです。

Googleの文書
作成アプリ。
PDFでの書き出
しも可能です。

あらゆる種類
のファイルをイ
ンターネット上
に保存可能。

ウェブサイト作成
ツール。テンプ
レートを使いすぐ
作成できます。

▶ どれか1つのアプリを選んで、体験してみましょう。

ワークシート冒頭にある問題は、次の資料の一部を引用したものです。

「令和の日本型学校教育」の構築を目指して〜全ての子供たちの可能性を引き出す，個別最適な学びと，協同的な学びの実現〜（答申）

令和3年1月26日　中央教育審議会

　この答申資料の中に繰り返し出てくるキーワードがあります。

　それが「クラウド（クラウドコンピューティングの略称）」です。

　インターネットにつながった環境で、様々なソフトウェアやサービスを自由に利用できることを意味します。今までの日本の学校には「パソコン教室」があり、そこに置いてあるパソコンでワードやエクセル、パワーポイントなどを使っていました。作成したデータは「パソコン室にあるパソコンの中」にあり、そこに行かなければデータを使ったり編集したりできませんでした。

　しかし、今の時代はインターネットにさえつながれば、「いつでも」「どこでも」「誰でも」データにアクセスすることができるようになりました。WordやExcel、PowerPointなどもインターネット上にあります。ファイルもインターネット上に保存されます。1つのファイルを同時に何人もの人が開き、共同編集することもできます。

　これが「クラウド」を活用するという環境です。

　1人1台端末を持ち帰れば、学校の授業の続きが簡単にできてしまいます。教師が学習課題ファイルをインターネット上に保存し、子供たちは家から課題にアクセスできます。提出もインターネット上で行えます。当然のことながら、学校の端末ではなく「自分のパソコン」「自分のタブレット」「自分のスマホ」でも同じことができます。

　このようなクラウド活用能力は、中学校や高校へ進学してもそのまま生かせます。

　社会へ出てどんな仕事についたとしても活用できる、まさに「基盤となる学力」なのです。小学校5、6年生では日常的に「クラウド」体験をさせてあげることが大切です。

　クラウド活用は「働き方改革」にもつながります。まずは、教師自身が便利さを体験してみましょう。

（兵庫県公立小学校　許　鍾萬）

第3章　主・対・深を意識したICT端末活用のスキル研修

UNIT ③ —(6) 3. ICT端末活用術−ICT活用の調べ学習をつくるノウハウ
基礎的なスキル習得の先に、効果的な学習が生まれる

Ｑ１　ICT機器を活用して、調べ学習を行うとします。どんな力が子供たちに必要だと思いますか？　下に書きましょう。

例）タイピング

　一言でいえば、「情報活用能力」ということになります。情報活用能力がなければ、効果的に調べ学習をすることは難しいです。一方で、調べ学習をしていく中で、情報活用能力が高まっていくということもあります。

　タイピングを例に考えてみましょう。

　ずっとタイピング練習をしていると子供たちはどう感じるでしょうか。きっとつまらなくなってしまいます。かといって、全くタイピングできないのに、「調べ学習をしよう！」と言ったらどうでしょう。「先生、これはどうやるの？」と質問の洪水に飲み込まれる先生の姿が想像できます。

　つまり、子供たちにICT機器を使わせていく上では、

　基礎的なスキルを教え、それを確かめながら、より発展的な活動に挑戦をさせていく

というのがよいのではないか、ということです。

Ｑ２　「基礎的なスキル」とはどのようなものでしょうか？　下に書きましょう。

例えば、以下のようなものが挙げられます。

＜基礎初級＞

①コンピュータの電源を入れることができる。

②パスワードを入力し、ログインすることができる。

③マウスの場合

「クリック」「ダブルクリック」「ドラッグ」などの操作がわかる。

④タブレットの場合

「タップ」「ダブルタップ」「ドラッグ」「ピンチイン」「ピンチアウト」などの操作がわかる。

⑤指示されたソフトを起動することができる。

⑥画面を閉じることができる。

⑦カメラで写真を撮ることができる。

⑧電源を切ることができる。

＜基礎中級＞

①文字の入力ができる（低学年はソフトキーボードも可）。

②ローマ字で文字の入力ができる。

③インターネットの接続を確認できる。

④インターネットを使って、検索することができる。

⑤インターネット上の画像を保存することができる。

＜基礎上級＞

①画面を最大化、最小化できる。

②複数のソフトを同時に立ち上げ、画面の切り替えができる。

③入力した文字の変換（漢字・カタカナ）ができる。

④インターネット検索で、複数のキーワードを組み合わせることができる。

⑤フォルダを作り、データを整理することができる。

　このようなことを「教えながら」、調べ学習を行っていきます。そのうちに、もっと早く字を打ちたいという願いも生まれてきます。そのタイミングで、再度練習を行えば、目的意識がある分、より効果的な練習になります。このように往復的に、基礎的なスキルの向上と新しいスキルの獲得をしていくのがよいのではないでしょうか。

（愛知県名古屋市公立小学校　堂前直人）

第3章　主・対・深を意識したICT端末活用のスキル研修

UNIT **3** ― (7)　3. ICT端末活用術ーICT活用の調べ学習をつくるノウハウ

「情報収集→整理→分析→表現・発信」で情報活用能力を育成する

　調べ学習は「調べるだけ」では不十分です。調べたことをもとに、学習を展開していくことが大切です。それが情報活用能力の育成につながります。

　今回は、調べ学習の一連の活動（情報収集→整理→分析→表現・発信）を、ICT端末を活用しながら進めていく方法を考えていきましょう。

※左の□にあてはまる言葉を右から選び、線で結んでください（答えと解説は次ページ）。

A　情報収集

①インターネットを使って　□　する　　　　・　　　　・フォーム

②写真や動画を　□　する　　　　　　　　　・　　　　・検索

③アンケート　□　で意見を集める　　　　　・　　　　・撮影

B　整理

①写真や動画等を　□　に保存する　　　　　・　　　　・情報を整理

②表やグラフにして　□　する　　　　　　　・　　　　・グループ

③集めた情報を　□　に分ける　　　　　　　・　　　　・クラウド

C　分析

①写真や　□　で詳しく観察する　　　　　　・　　　　・考え

②表やグラフから情報を　□　　　　　　　　・　　　　・読み取る

③思考ツールを使って　□　を整理する　　　・　　　　・動画

D　表現・発信

①プレゼンテーションソフトで　□　を作る・　　　　・資料

②オンラインで　□　する　　　　　　　　　・　　　　・発信・交流

　情報活用能力の育成にICT端末の活用は不可欠です。しかし、全ての活動でICT端末を使わなければならないというわけではありません。

　ノート・教科書・筆記用具等を使う従来の授業に、ICT端末を使う活動を効果的に組み合わせていくことが大切です。

　次ページの解説を踏まえ、無理のない範囲で少しずつ取り入れてみてください。

| **A　情報収集** | （ワークシートの答え）　①検索　②撮影　③フォーム |

①政府や自治体等が作成している子供向けのWebページには、信ぴょう性が高い情報があります。必要に応じてURLを集めた「リンク集」を作成しておくと便利です。

②カメラ機能を使うと簡単に情報を記録することができます。撮影するだけで植物や昆虫の名前を判定したり、図鑑を作成したりできるアプリもあります。

　見学や聞き取り調査などの活動をする際に、その様子を動画で記録しておくと、後でくり返し確認することができます。

③アンケートフォームを使うと、オンラインで簡単に意見を集められます。

　回答の集計やグラフ作成が自動的に行われるので、作業時間を短縮できます。

| **B　整理** | （ワークシートの答え）　①クラウド　②情報を整理　③グループ |

①クラウド上に保存したデータは、どこからでも閲覧・編集することができます。

②目的に応じて表やグラフの種類を工夫することが大切です。

③「オンラインホワイトボードツール」を使うと共同で作業することができます。

| **C　分析** | （ワークシートの答え）　①動画　②読み取る　③考え |

①画像を拡大したり、動画をスローで再生したりすると、より詳しく観察することができます。プレゼンテーションソフト等に、画像を時系列に並べることで変化を読み取ることができます。

②表やグラフから、データの特徴や傾向を読み取ることができます。

　「データの活用」は、特に算数・数学の授業で詳しく扱う内容です。

③思考ツールを使うことで、「考えと理由」「原因と結果」「具体と抽象」等の観点で、情報を整理しながら自分の考えをまとめることができます。

| **D　表現・発信** | （ワークシートの答え）　①資料　②発信・交流 |

①文字、画像、図（表やグラフ）を組み合わせて資料を作成します。文字の数・フォント・大きさ、画像や図の位置・大きさなどを工夫すると、わかりやすいスライドを作ることができます。

②オンラインのビデオ通話を利用すると、資料を提示しながら情報を発信したり交流したりすることができます。

<参考文献>
堀田龍也監修『わたしたちとじょうほう　情報活用スキル編』（学研教育みらい）

（福井県公立小学校　森本和馬）

UNIT ③ － (8) 4．ICT端末活用術－ICT活用で対話の場づくりノウハウ
これだけは使いこなしたい！　対話を生み出す6つの機能

　1人1台端末が導入された今、ICTの新たな可能性を指導に生かすことで、「主体的・対話的で深い学び」の実現に向けた授業改善につなげていくことが期待されています。

1　「対話的な活動」とは

　文部科学省資料『新しい学習指導要領の考え方』には、以下のようにあります。

> 　子供同士の協働、教職員や地域の人との対話、先哲の考え方を手掛かりに考えること等を通じ、自己の考えを広げ深める「対話的な学び」が実現できているか。

　様々な活動の中で、何をどのように取り入れるか。ICTを効果的に活用することによって、子供たちの考えを広げ深める「対話的な学び」を生み出すことができます。

2　ICTを活用した対話の場づくり

　ICTで使うことのできる機能は多種多様です。それらの機能の特徴に合わせて、どのように対話の場を生み出すのかを解説していきます。

①動画・写真の活用

　動画や写真の機能を使うことにより、多くの情報を記録したり、活用したりすることができます。体育の「マット運動」や「ゴール型ゲーム」では、動画で記録することにより、自分たちの動きを振り返り、よいところや改善点を具体的に話し合うことができます。社会科見学で活用すると、見学後の自分たちで集めた写真を整理・分類する活動などにつながります。動画や写真の活用の仕方によって、対話の場がさらに広がります。

②共有化機能の活用

　授業支援アプリを活用すると、子供たちの意見や作成物を簡単に集約することができます（資料1）。口頭で発表や、見て回る活動などに比べ、素早くお互いの考えなどを共有し、比較・検討することができます。これまで埋もれていた意見を広げた

【資料1】ロイロノート・スクールでの意見共有

り、友達の意見をじっくりと読み、自分の意見を再構成したりすることは、考えを広げ深めることにつながります。

③コメント・チャット機能の活用

アプリによって、友達の投稿に対してコメントしたり、「いいね」ボタンを押したりできる機能があります。教室内を歩き回ったり、成果物を交換して見合ったりすることなく、ネットワーク上でスムーズに相互交流をすることができます。教師からの、素早いフィードバックも可能になります。

④アンケート機能の活用

アンケート機能は、結果をすぐに活用できる点によさがあります。例えば、授業で「賛成・反対」などの立場を決めて話し合う場面。アンケートに回答させることで、瞬時に集計され、その後の話し合いの時間を確保できます。アンケート結果は、Excelファイル

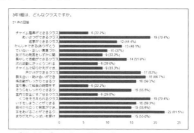

【資料２】３年１組はどんなクラスか。

などで出力できます。子供たちの考えをアンケート上に入力させると、自動的に集約され資料として配布・活用することができ、話し合いの深まりが期待されます。学級活動で生活の振り返りをする際には、結果がすぐにわかるため、その時間内に今後の生活について話し合うことができます（資料２）。

⑤プロジェクター・大型モニターの活用

子供たちに共有したい情報を、大きく提示することができます。取り上げたい意見を選んで表示することで、子供たちも発表しやすくなります。

⑥オンライン会議の活用

対話的な学びは、教師や子供たち同士といった学校内にとどまるものではありません。地域の人たちや専門家などとの対話も含まれます。そこで便利なのが、ZoomやGoogle classroomといったビデオ会議アプリです。近くの人だけでなく、これまでは会うことができなかった全国各地の人とつながり、学びの幅を広げることができます。録画機能を使えば、何度も見返すことも可能です。

3　組み合わせでさらなる効果を

ICTには、①から⑥の他にも様々な機能があります。これらを組み合わせることで、さらなる効果を発揮することでしょう。発達段階や学級の実態、各教科の特質、学習内容などに応じて、よりよい方法を取捨選択する力が求められています。活用場面・方法を具体的に考え、共有してみましょう。

（愛知県公立小学校　中川聡一郎）

UNIT **3** — (9) **4．ICT端末活用術−ICT活用で対話の場づくりノウハウ**

Jamboard、Google Driveを活用して意見交換

1　各種通信への感想の共有

毎週、校内研修通信が研修主任から発行されます。

研修通信に対して、他の先生方がどのような感想を持っているのか気になったことはありませんか。また、自分の意見を言いたいけれど、なかなか主張する機会がないことはありませんか。

そこで、便利なのがJamboardやGoogle Driveです。

研修通信をJamboardやGoogle Driveで共有することによって、それぞれの先生方が意見したいときにいつでも意見でき、閲覧もいつでもできます。

研修通信だけでなく、学年通信、学級通信、指導案、授業のワークシートでも同じことができます。

2　Jamboardを活用した共有方法

Jamboardに掲載するときは、通信を画像データにしてJamboardの背景として埋め込むと便利です。

背景にしないと、通信を削除したり場所を移動したりしてしまう場合があるので、背景として埋め込むことで画像が動かなくなります。

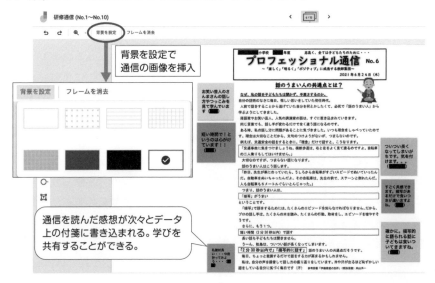

3 Google Driveを活用した共有方法

　Google Driveを活用すれば誰でも、ファイルのリンクアドレスを知っていれば
いつでもどこからでもアクセスすることができます。

　ファイルを閲覧するだけではなく、コメントすることもできます。

　学年だよりの添削等に活用することができます。

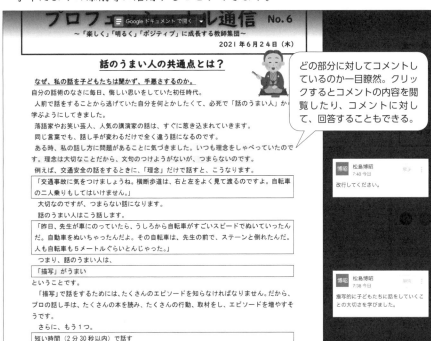

　コメントに対して、意見を書き込むこともできます。

4 働き方改革にもつながるＩＣＴ活用

　事前にデータを共有し、双方向のやりとりをしておくことによって、学年会や
会議の時間短縮にもつながります。

　【次の学年会までに資料にコメントをしてください】

と伝え、学年主任は事前にコメントを確認し、コメントに対しての回答を準備し
ます。場合によっては代案も準備しておきます。

　ICTを活用することで円滑に会議を進めることができます。

（群馬県公立小学校　松島博昭）

UNIT ③ ―(10) 5. ここまでできる！　ICT端末活用授業の校内研修

教科書・端末のハイブリッドで対話を活性化

2年生算数「時計を生活に生かそう」（東京書籍）。教科書どおりに進めます。最後に次の課題があります。

「⑥　自分の1日の生活を、午前、午後を使っていいましょう。」

この部分を端末を使って、学習を進めてみましょう。

まずは、名前を付箋で貼らせます。

ポイント1　まずは、口頭で

口頭で言わせます。口頭は、時間差が生まれにくいからです。

発問：起きる時刻は、何時ですか。/6時、7時30分…

指示：午前を使って言いましょう。隣の人に言ってごらん。/午前6時、午前7時30分…

ポイント2　教科書と付箋の色を揃える

指示：付箋に朝起きた時刻を書いてごらんなさい。

付箋の色は、青にします。教科書の数直線（午前が青）と揃えます。付箋に書いた子から読ませます。「僕は、午前6時に起きました。」

同じように、寝る時刻も口頭で言わせて付箋（午後なので色は赤）に書かせます。「午後8時に寝ました。」

ポイント3　数直線を活用させる

教科書と同じ数直線をClassroomで配布したJamboardに貼っておきます。

起きる時刻と寝る時刻を数直線の上に移動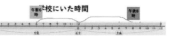
し、升目を数えるだけで、時間がわかります。

発問：起きていた時間は、何時間ですか。/14時間です。

ポイント4　対話活動をさせる

自分のシートをもとに、対話活動をさせます。「僕は、○時に起きました。○時に寝ました。起きていた時間は、○時間です。」観点を絞って、自分と寝ている時間が近い人を見つけたり、寝る時刻が一緒の人を見つけたりすると活動が活発になります。

【準備編】

　学習に使うシートを作りましょう。

　学習したことを発展的に扱う場合、教科書で使った方法を端末でも使えることがベストです。この場合、数直線です。

　パワーポイントでなくても、手書きのプリントやその他のものをJPEG形式で保存すれば、Jamboardの「背景」に貼り付けることができます。「背景」に設定してしまえば、子供たちが動かしても枠はズレず、付箋作業がしやすいです。

1　パワーポイントで、学習プリントを作ります。JPEG形式で保存します。

さんの　1日
おきる時こく　　　　ねる時こく
おきていた時間
学校につく時こく　　　学校を出る時こく
学校にいた時間

2　作ったプリントをJamboardの「背景」に設定します。

3　作ったプリントを「共有」（右上の共有ボタン）し、「リンクをコピー」しておきます。

4　作ったプリントをClassroomで配布します。
　Classroom→「授業」→「＋作成」→「課題」→「追加」→「リンク」（先ほどコピーしたリンクを張り付ける）→「各生徒にコピーを作成」

ポイント

1　作成した「学習プリント」は、画像データで保存する。
2　画像データは、「背景」として、Jamboard等に読み込ませると子供が触ってもズレなくなる。
3　Classroomで配布するときは、「各生徒にコピーを配布」を選択する。これを選択しないと閲覧のみになったり、共同編集になってしまったりします。
　2年生算数「1000より大きい数をしらべよう」（東京書籍）。
　「生かしてみよう」のページです。
　教科書とICT教材のハイブリッド型学習のポイントは、4つです。

1 机上マネージメント

児童の机上は狭いです。端末を使わせる前に、教科書、ノート、筆箱は引き出しの中に入れさせます。机上は端末のみにします。

机の上をシンプルにすることで、活動や交流の際の移動も楽になります。

2 視線の移動を少なくすること

黒板に貼ったスクリーンと子供たちの1人1台端末の間の視線の移動が少なくなるように授業設計します。できるだけ説明の回数を少なくします。

説明→活動→説明→活動…のように細切れだと、視線の移動が多くなり、支援が必要な子は取り残されていき、できる子は待つことが増え飽きてしまいます。

活動中に説明をしても、同じような状況になります。

最初は、ある程度説明をし、全体が活動に入った後で、個別の支援をしていくとよいと思います。

3 時間差を埋める

端末を使うと時間差が生じやすいです。保管庫から取り出す際、立ち上げる際、教材を開く際、課題を提出する際等、様々な場面で時間差が生まれます。

早く終わった子ができる指示をいくつか考えてみてください。

例：他の子の手伝いをさせる/調べたいことを1つgoogleで調べる/問題を音読する等

もちろん、待てている子を褒めることも大切です。

4 確認する・確認させる

端末の場合、子供たちの画面が教師から見えにくいです。課題を開いている場合は、Classroomなどから進捗状況を確認できますが、そうでない場合は、教室の後方に立って、子供たちに指導するとよいです。全員の画面を見ることができます。前からではなく、後ろからを意識するとよいです。また、お隣同士確認させたり、できた子を挙手させたりして、子供たち同士の確認を取り入れてもいいかもしれません。

【授業の実際編】

0 事前準備

教科書の「車のナンバー」や「時計」の画像をスキャンして、Jamboardに貼り付けておきます。それぞれの画像は、移動できるようになっています。

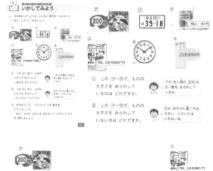

1 調べることを知り、分類作業する

教科書を音読し、調べることを確かめます。教科書に例示されているものを「ものの大きさを表しているもの」「ものの大きさを表していないもの」に分類してみます。端末でドラッグすれば動きます。

理由を言える子に、理由を言わせます（教科書のりくとみさきのセリフがヒントになります）。

2 数字を探し、カメラで撮影する

身の回りで使われている数字を探し、カメラで撮ります。3つ以上見つけなさい等、具体的な数を示してあげるとよいです。

3 撮影したものをグループで分類する

3人グループを作ります。グループの1人1人が、撮影したものを共有化してあるJamboardのページに貼り付けていきます。

全員が貼り付け終わったら、「大きさを表している」「大きさを表していない」で分類していきます。この場面で対話が生まれます。

端末を使っているので離れたままでもできますが、集まって作業する方が、子供たち同士で教え合って、PC操作の不慣れな子でも課題に取り組めます。

4 発表する

出来上がったグループのJamboardの画面を提示しながら、撮ったものをどのように分けたか発表していきます。

（福岡県公立小学校　平松英史）

UNIT ③ ― (11) 6. ICT活用の授業づくり＝基礎基本－デジタル家庭学習と授業をつなぐハイブリッド授業

学校での「ハイブリッド授業」・実践スタート！

ワークシート　学校と家庭が連携する　これからの授業スタイル！
「ハイブリッド授業」を知る・見る・体験する！

ステップ1 🖐　そもそも、「ハイブリッド授業」って何ですか？

＜教室での学習＞と＜オンライン学習＞を組み合わせた授業
（＜対面指導＞と＜遠隔・オンライン教育＞とのハイブリッド化）
　　　　　　　　　参考：文部科学省「令和の日本型学校教育」の構築を目指して

ステップ2 🖐　でも、「ハイブリッド授業」ってどんな様子ですか？

　教室にいる子供と、別の場所にいる子供や先生（保護者）が、つながります。
　オンラインでつながる方法は、
① 「テレビ会議システム（Zoom、Google Meetなど）」だけでなく、
② 「協働学習用ツール（Googleクラスルーム、ロイロノートなど）」もあります。
　「①同期型（同時につながるタイプ）」と「②非同期型（別の時間でもつながる
タイプ）」と呼ばれており、様々な組み合わせがあります。

ステップ3 🖐　では、どんなときに「ハイブリッド授業」が必要ですか？

例）不登校の子が家庭から教室での授業に参加するとき

　上の□の中に、どんなときに「ハイブリッド授業」が必要か、アイデアを書き
ましょう。書けたら、お互いにアイデアを共有し、イメージを膨らませましょう。

ちょこっと解説

　ワークシートの各ステップについて、情報や進め方を補足します。

　学校の先生方の様子やニーズに応じて、以下の情報や進め方を参考にしてください。

ステップ1

　文部科学省は、「『令和の日本型学校教育』の構築を目指して」という答申を出しています。この中には、「ハイブリッド授業」ではなく、「ハイブリッド化」と書いてあります。教室での対面指導と、オンラインでの遠隔教育を効果的に組み合わせることで、「主体的・対話的で深い学び」や「個別最適な学び」が実現することを目指しています。

　校内で研修する際は、「教室」・「オンライン」・「組み合わせ」といったキーワードを隠して、先生方に考えていただくという進め方もあります。

ステップ2

　ワークシートの動画は、中級編です。初級編（テレビ会議のやり方）や上級編（遠隔でつなぐ際の工夫・授業の様子）もあります。「ハイブリッド授業」は、大学や大学院でも導入されており、実際の様子がわかる動画もあります。

　以下にQRコード化してありますので、あわせて先生方にご紹介ください。

左から、
初級編・上級編・大学院実践例

☆動画を見た後、2つの部屋に分かれて「ハイブリッド体験」をする進め方が、効果的です。

ステップ3

　「ハイブリッド授業」の例を以下に記します。

---

① 「テレビ会議システム（Zoom、Google Meetなど）」を使って
1）家と学校の教室をつなぐ授業　　2）別の学校の教室とつなぐ授業
3）講師・専門家と学校の教室をつなぐ授業　　など

---

② 「協働学習用ツール（Googleクラスルーム、ロイロノートなど）」を使って
1）教室の授業で出された課題を、家に帰って、オンライン上で予習・復習する
2）教室の授業の録画データを、家に帰って、オンライン上で視聴する　　など

第3章　主・対・深を意識したICT端末活用のスキル研修

　「１人１台端末時代・ICTを活用した学びの在り方」「具体的な実践情報」「海外情報」など、研修を進める先生が知っておくと有益な情報を記します。

1　「１人１台端末時代・ICTを活用した学びの在り方」

　令和３年１月26日、文部科学省の中央教育審議会より答申が出されました。「『令和の日本型学校教育』の構築を目指して」です。「１人１台端末時代・ICTを活用した学びの在り方」を掴むには、この答申の概要（できれば本文も）一読しておきたいです。

　上記資料の一部、「6．遠隔・オンライン教育を含むICTを活用した学びの在り方について」によると、小学校でICTを活用するねらいは、大きく分けると５つです。

---

①ICTの日常的な活用による授業改善（→ICTを「文房具」として活用する）

②学習履歴（スタディ・ログ）の活用による個別最適な学びの実現（→ICTで記録を取る）

③CBT化（Computer Based Testing）への対応（→パソコンでテストを受ける時代がくる）

④デジタル教科書・教材の普及促進（→デジタルと紙を両方活用できる子を育てる）

⑤児童生徒の特性に応じたきめ細かな対応（→障害、不登校にも対応できる教師に！）

　ICTを主体的に・効果的に活用していく方向性が示されています。

2　「具体的な実践情報」

1）「ハイブリッド授業」：まずはじめに教室ですること

　それは、教室で子供たちと「テレビ会議システム（Zoom、Google Meetなど）」をつないでみることです。

　つながると、歓声が上がります。歓声と同時に、ハウリング音も上がります。「先生、この音（ハウリング音）うるさい！」子供の声が上がってから、「ミュート」を教えました。

１）「このマイクのマーク、ミュートボタンを押します」

２）「こうやってマイクの音を切ることをミュートっていいます。皆さんで、さんハイ」

３）「テレビ会議をする時は、基本全員ミュートにします。話す時だけ解除します」

　大体このように「ミュート」を教えました。教室でやるから、全員に使い方を習得させることができます。平時の実践が、使用時・非常時につながります。

2）StuDX Style：文部科学省の実践情報プラットフォーム

→https://www.mext.go.jp/studxstyle/

　文部科学省、１人１台端末の活用方法を段階別・場面別に紹介しているサイトです。具体的な活用のイメージを持つ際に便利です。

3　「ちょこっと海外情報」

　海外では、オンライン教育がかなり進んでおり、英語で検索すると豊かな情報にアクセスできます。日本語だと、『ブレンディッド・ラーニングの衝撃』という書籍がオススメです。「ステーション・ローテーション」に始まるハイブリッドラーニングの実践が紹介されています。

　可能な限り、海外の情報・実践にもアクセスしていきたいです。

（神奈川県横浜市公立小学校　水本和希）

UNIT ③ ー (12) **7. オンラインで子供とつながるノウハウ－学習&レク**

誰でもできる！　オンライン授業達成までのステップ

　オンライン授業実施までの手順と活用例を紹介します。なお、勤務する自治体での使用環境は以下のとおりです。

> 使用端末…iPad第7世代　クラウド環境…Microsoft One Drive
> 主なソフトウエア…Microsoft Teams　SKYMENU Cloud

1　まず、子供たちに端末を触らせる

　子供たちは教師よりもデジタルネイティブである傾向が高いです。「この操作はきっと難しいだろうな」と教師側は予想しますが、子供たちは家庭でゲームやスマホ、タブレットなど様々な機器に触れているので実感としてすぐに覚えていきます。また、ICT機器を使わせること自体にわくわく感があります。

　教師が一つ一つ丁寧に教えるというより、1つのスキルを教えたら、子供たち同士で助け合いながら成長していくイメージです。

　学校によってルールがかなり制限しているかもしれません。iPadを使っている場合、「休み時間にアプリが遊びになるからやめた方がよい」という管理職の指導で使えないという学校もあるでしょう。もし、端末を文房具のように使えるようにしたいという願いをもつのであれば、全く使わないという二極化対立の考え方よりも、学校や学級でルールを決めて、授業や休み時間などのあらゆる時間で子供たちに操作させる経験を積ませましょう。

2　一時に一事の原則と確認の原則を意識して教室でオンライン環境を実感させる
（1）教えるスキル

　まず、オンラインミーティングを教室で体験させます。Teamsの場合、次の操作を教えます。

> ①会議室の参加
> ②ミュート及びカメラのオン・オフの切り替え
> ③挙手
> ④背景の選択

⑤ビューの選択
⑥チャットの閲覧と書き込み

　全体的にこれらの操作が上達してきたと教師が実感したら、加えて次の機能を教えます（オンライン授業として家庭でもできるようになってからでもよい）。

⑦ホワイトボードへの書き込み
⑧画面共有
⑨ブレークアウトルームへの参加

（2）起こり得るトラブルとその対処

① ハウリング

　教室では必ずスピーカー機能をオフにさせます。同じ空間にいるとハウリング（大きく響く音が鳴ること）を起こし、音に敏感な子供はびっくりしてしまいます。
② ログインできない

　「先生、ログインができません」「Teamsが開けません」そう告げてくる子供もおそらくいるでしょう。GIGAスクール構想に伴って、Wi-Fi環境は教室にあります。しかし、無線通信は不安定なことが多く、必ずしも全員が安定して通信できるとも限らないのです。

　したがって、このようなトラブルを想定して次のように指示します。

　Wi-Fiの関係で、もしかしたらうまく今日ログインできないかもしれません。その時は、もう一度アプリを再起動してやってみるか、お隣の人の画面を見せてもらいなさい。決して慌てなくても大丈夫です。

　そして、何よりも教師が焦らないように対応します。

3　スライドショーを手元の端末で見る

　対面の授業で子供たちに資料を提示する際に、通常ではプロジェクタを使って黒板の画面に提示します。提示するパソコンや端末をTeams やGoogle Meetなどのオンライン会議室に参加させ、子供たちはミュート、ビデオオフで参加させて教師が画面共有で資料を送れば、子供たちの端末がモニターになります。
　理科の実験や図工の作品を見せる時などには、画面共有でカメラアプリを使えば、子供たちは手元の端末からビデオ映像を見ることができます。この機能は日常で使えるので、オンラインミーティングの経験を積ませるには有効な手段です。

第 3 章　主・対・深を意識したICT端末活用のスキル研修

4 Wi-Fi学校探検と校内オンラインミーティング
（1）Wi-fi学校探検

　オンラインミーティングに慣れてきたら、Wi-fi学校探検を行います（小嶋悠紀氏実践追試）。学校の敷地図面を拡大コピーして黒板に貼ります。子供たちは、端末を持って校内敷地を回ります。iPadであれば、右上にアンテナのアイコンがあります。各自移動した場所で電波が届いているかを確認するように指示をして、マナー指導をした上で校内に子供たちを自由に移動させましょう。

　教室に戻った後、つながっていた場所にはシールを貼らせます。すると、どの場所でWi-fiが使えるかが一目でわかり、さらに、子供たちはWi-Fiがつながるところでなければ端末は使えないことを学ぶことができます。

（2）校内オンラインミーティング

　次に調べた場所のうち、電波が届き、人が居ない場所を選ばせ、校内に子供たちを分散させます。そして開始時刻を告げておき、オンラインミーティングを行います。その際、教室同様に通信エラーやハウリングのトラブルもあり得ることを指導します。また、特に同じ場所に複数いた場合にハウリングが起こることも告げておきましょう。

　ここまでできていれば、おおよそ自宅でのオンラインミーティングが可能です。

5 上級生と下級生で教え合う

　低学年は１つ１つの操作にかなりの時間がかかります。一度教えるとスムーズにできるようになりますが、そこに至るまでの支援に高学年以上の時間と労力が要ります。

　職員で連携をとって、上級生が下級生に教える時間をもらいましょう。メリットは以下です。

---

①アウトプットすることで、わかっていることと、わからないことについて、子供たちがメタ認知する。
②上級生は下級生とその担任から感謝されるので、自己肯定感が上がる。
③ICTスキルが学校規模で上がる。

　6年生を担任したとき、この取り組みを行いました。6年生は「自分たちが下級生に教える」という目標をもつので、端末の操作を学ぶのもより積極的になります。また、縦割り活動を積極的に行っている学校ならば、縦割りで分かれてミーティングを学年順に行うなどの取り組みもできます。

6 オンラインミーティングの、はじめの一歩

オンラインミーティングやオンライン授業を初めて行う際に次のように告げます。

> うまくいかなくても当たり前です。そのときは報告してくれたら、みんなの学びになります。

学校や学年で決めた時刻でミーティングを企画します。子供たちは自宅からオンラインで1回はつながってみたいと思っています。できれば、はじめは多くの子供たちに「先生とつながった」という成功体験を積ませましょう。私は、それをかなえるために夕方と夜間の2回ミーティングを企画しました。ミーティングの際、行ったのは1つです。

> 指名されたらマイクをオンにして自由に話す。

ミーティングへの参加、ビデオ、マイクのオンとオフ、ビューの切り替えなど今まで教室で仲間とやっていたことを一人でやることになります。これだけでも初めての子供たちにとってはハードルが高くなります。ミーティングに参加できただけでも大きく褒めましょう。

7 オンライン授業になっていくステップ

オンラインミーティングがだんだんと慣れてきたら授業に移行します。そのためには、教師が教科書や資料を子供たちに画面共有機能を通して見せる必要があります。

初心者の方におすすめのオンライン授業は、日本郵政がTOSSと連携して行っている「手紙の書き方」体験授業のサイトにあるコンテンツです。オンライン授業で見せるためのサイトも、指示や発問も無料ダウンロードできます。

ここで、音読することや指名されたら発言すること、カメラの前にテキストを見せることなどの、オンライン授業で必要な学習活動を指導します。

8 楽しい活動で子供たちとつながる

Teamsの場合、チャネルを使ったチャット機能があり、これによって、対話したり、Facebookのような「いいね」のボタンをつけたりすることができます。これらを授業や学級経営のツールとして使うと子供たちの活動はよりダイナミックになります。勤務校のある自治体では端末が持ち帰りになり、指導のチャンスです。

宿題の集約をExcelの共同編集で行ったり、オンラインの挑戦課題を出したりすることができます。さらに、オンラインミーティングを夏休みの終わりに行って、9月から楽しく登校できるように支援することもできます。

（愛知県公立小学校　山内英嗣）

オンライン授業は、実際に教室で行う授業とは異なり、つい子供たちの緊張感は薄れてしまいます。

その原因として、

①先生が近くにいない・来ない
②友達が近くにいない・話し合えない
③先生から見られていないように思える

などが考えられます。

では、どんなことを意識すると、子供たちが緊張感をもって、授業に集中できるのでしょうか?

1　名前を呼んで褒める

「太郎くん、さっとやり始めていて、さすがです」「直哉くん、もう書き終わりましたね。早いです」「果歩さんの口がしっかり動いていますね」など、名前を呼んで褒めることで、子供たちに先生が見ていることが伝わります。

画面共有をすると、先生機から子供たちの様子が見にくくなります。これについては、別のパソコンで会議に参加することで解決します。「画面共有用」と「子供確認用」を2台のパソコンに役割分担させることで、子供たちを見守りながら、授業を進めることができます。

2　先生を画面に登場させる

普通に話をしている場面であれば、「スポットライト」等の機能で、先生のカメラを画面固定した状態で、子供たちに届けることができます。

また、「画面共有」をすると、先生が小さくなったり、表示されなくなったりすることがあります。先生が見えないと「不安」を感じる子もいます。「気が緩む」子もいます。「PPを背景にする」「別で投影したスライドと先生をカメラで映す」等、先生が見えるように工夫すると、より安心してオンライン授業を受けることができます。

（愛知県名古屋市立公立小学校　堂前直人）

第4章

令和の学校改革
働き方改革へのアップデート

UNIT 4 ー (1) 会議資料のICT化でペーパーレス会議
時間とお金が生まれ、職員のスキルが高まる

（１）ペーパーレス会議を行うメリット

　ペーパーあり会議と比べて、「時間」と「お金」が節約でき、新たなお金が生まれるというメリットがあります。次の６点が考えられます。

①提案文書を印刷する時間と印刷代が削減できます。

②職員会議前の指示（○日までに提出して下さい）などの通知の印刷時間、印刷代も削減されます。

③冊子化された職員会議資料をどこかに置いてきてしまい、探しに行く、という時間のロスもありません。

④紙の資料は予算の関係で白黒印刷。データ資料はカラーで共有が可能。要点を赤字などで示すなどして、重要な連絡がすぐに伝わり、進行がスムーズになります。

⑤提案文書にホームページなどのリンク先がついている場合、データ資料だとクリック１つでリンク先のページに行くことができます。

⑥資料を探す時間が早くなります。紙の資料をめくって探すよりも、ページを進める方が速いからです。また、分量が多い場合も、ページ検索をすることで、すぐに目的のページへ行くことができます。

（２）紙の資料のよさ

　紙の資料のよさもあります。それは、書き込みを行えることです。

　ペーパーレス会議となると、資料は全てデータ上に集約されます。

　データ資料の場合、書き込みが難しいです。しかし、そんな時は、書き込みたい資料だけ、事前にプリントアウトすれば大丈夫です。書き込みたい資料はそれほど多くありません。必要な資料だけ印刷することで、書き込んで活用することができます。

（３）紙とデータを使い分ける

　もちろん、紙の場合がよいときもあります。それは支援員を含めた全職員にすぐに情報を広げたいときです。例えば、入学式前日の要配慮児童共有がそうで

す。支援員にはパソコンが割り当てられていません。しかし、この情報は支援員こそ必要です。手書きでもよいわけです。手書きで1学年担任がすぐに提出。それを印刷し、情報共有する。この時は、紙の資料が適しています。このように使い分けが大切です。

（4）必要な場合は、冊子印刷を行う

　職員の中には、冊子の方がよいという人もいます。また、記録として保存するために事務職員や教頭が冊子にする場合もあります。その時は、冊子印刷が便利です。冊子印刷の機能を使うと、簡単に冊子にすることができます。

（5）もう一歩進めたペーパーレス会議

　（1）～（4）までは、フォルダー内にあるデータ文書（PDF）を職員が会議中に同時に見る一般的な形について論じてきました。

　この項目では、さらにもう一歩進めたペーパーレス会議について記します。それは、Googleクラスルームに全職員を登録し、Googleクラスルーム上でデータ共有して行う会議です。私の勤務校で現在行っています。次のよさがあります。

①全体指示が簡単

　Googleクラスルームには、全体連絡ができる「ストリーム」があります。ここに、「会議資料を○日までに、このドライブに提出してください」と指示を出すことができます。

②自宅から会議資料の閲覧、コメント可能

　オンライン上に会議資料があるため、職員が自分のGoogleアカウント（私用ではなく、職員用）を使って自宅から閲覧することができます。PDF資料にコメントすることもできます。例えば、新型コロナウィルスの感染拡大で、自宅待機の指示が出た時も、会議を進めることができます。

（6）職員のパソコン操作スキル、オンラインスキルが向上

　お金と時間の他に、もう1つ見逃せない大切なメリットがあります。それは、職員のパソコン操作スキル、オンラインスキルが向上するということです。PDF化を初めて行う職員もいます。新たなスキルを覚えることになります。また、（5）のように、オンラインでデータ共有を経験し、そのスキルを高めることで、授業で子供たちが操作する時に、指導がしやすくなります。端末活用授業のアイデアも広がります。
　　　　　　　　　　　　　　　　　　　　（長野県公立小学校　大川雅也）

UNIT **4** － (2)　資料の揃え方－資料作成のポイント

文書作成を工夫することで職員会議の時間短縮につながる

　働き方改革が求められている今、職員会議を効率的に行い、短くしていきたいものです。職員会議の時間を短くすることができれば、教師の仕事の中心である教材研究や授業準備に充てられます。文書（資料）作成の工夫をすることで職員会議の時間短縮にもつながるのです。

1. 必ず　□　で提案する。

　文書がなく口頭で説明すると、聞き手は話の内容を聞き逃してしまうことがあります。そうすると、質問が出て時間もかかります。文書があれば、聞き手は、それを見ながら聞くことができ理解も深まります。提案者も短い説明で済み、質問も出にくく会議の時間短縮につながります。

2. 文書には提案者の　□　を明記する。

　文書には提案者の名前を必ず書きましょう。職員会議外で質問をしたいときに、文書に提案者の名前があればすぐに質問ができます。「質問したいけど、担当の先生は誰だっけ？」となってしまうとそれだけで時間が失われます。ほんの少しの配慮で先生方の大切な時間が守られるのです。

3. 協議の内容を　□　にする。

　職員会議では協議が必要なこともあります。そんな時に「〇〇したいのですが、どうしましょう？」と提案してしまうと会議の時間は長くなってしまいます。「どうしましょう？」と言われても問い方が大きく、論点がはっきりしないので答えようがないのです。提案文書で協議の内容を明確にしなければならないのです。具体的にいうと提案文の語尾は「～します」「～をやめます」と言い切りの形にします。考えが複数ある場合は「A案かB案か」というように選択肢を示します。選択肢とともにA案・B案のメリット・デメリットを示しておくと考えやすく、協議は活発になり結論も早く出ます。協議の内容を明確にすることで会議の時間短縮につながります。

4. ☐ の提案は、まず全体像を示す。

　行事の提案文書は自ずと分量が増え
ます。運動会、学芸会、入学式、卒
業式などの大きな行事ではなおさらで
す。惰性で文書を作ってしまうと大切
な内容がぼやけてしまいます。そこ
で、提案文書の1ページ目に行事の全
体像を示しましょう。右の資料は運動
会の提案文書です。日時、時数、目
標、当日の日程、内容（各学年の出場
種目）、雨天対応等が書かれています。
2ページ目以降に開閉会式、総練習、
全体練習計画、グラウンド割当て等、
細かい内容を加えていきます。職員会
議では、行事の全体像を示し、その後、
必要なことだけを述べればいいので提案の時間が短くなります。

5. 年間会議録を ☐ 月に示す。

　年間会議録を4月に示すと1年間
の職員会議の見通しがもてます。何
月に、どこの分掌で何を提案するの
かがわかっているので提案のし忘れ
を防ぐことができます。また、提案
者は余裕をもって文書の作成に取り

	総務	教務	研究	生徒指導	体育
4	入学式	始業式	研修計画	街頭指導 下校指導	三計測
5	PTA会議	知能検査	研究授業	避難訓練	運動会

例：年間会議録一覧（一部）

組むことができます。あると大変便利です。ない場合は教務主任を中心に作成
することをおすすめします。

　上記の他にも、「職員会議録に開始時刻と終了時刻を明記する」「定刻に始める
ために5分前に開始予告の放送をする」「司会は復唱しない」等、職員会議の時
間を短縮するための工夫はあります。職員会議の時間短縮の工夫を校内で見つけ
てみてはどうでしょうか。

（北海道公立小学校　中田昭大）

UNIT **4** ― (3) 職員会議に提案するためのマニュアル

職員室のICT化で進める時短仕事術

Q1　保護者向けアンケートもオンラインで実施してる学校が増えてきました。紙によるアンケート配布・回収・集約と比べてどんなメリットがありそうですか。

（次の文書をヒントにして考えてみましょう。）
文部科学省：「学校が保護者等に求める押印の見直し及び学校・保護者等間における連絡手段のデジタル化の推進について」（令和２年10月20日）

Q2　学校の業務の中で「デジタル化」できそうなことはたくさんあります。他にどんなことがデジタル化できそうですか。

Q3　職員室でもGoogle WorkspaceやMicrosoft Teamsなどのアプリを使う学校が増えてきています。これらのアプリを使うよさは何でしょうか。四角にあてはまる言葉を書きましょう。

　　　　　｜　｜編集ができる→　｜　｜短縮できる

1 「保護者向けアンケート」デジタル化のメリット

これまで学校では紙によるアンケートが普通でした。右のような８つの流れを経て、アンケート結果がわかるようになっていました。

①教員が印刷
②子供へ配布
③子供が自宅に持ち帰り
④保護者が押印・記入・キリトリ
⑤子供に託す
⑥子供が学校に持って行く
⑦教員が子供から回収・催促
⑧教員は結果を手集計・手入力

しかし、デジタル化すれば、①〜⑧はほとんど省略できます。しかも、そのためにかかる費用はゼロです。無料の「Googleフォーム」や「Microsoft Forms」で簡単に作ることができます。

2 学校の業務の中でデジタル化できること

デジタル化できそうなことはたくさんあります。例えば、①欠席・遅刻連絡、②健康観察・体温チェック、③学級通信、④保護者面談の日程調整、⑤連絡帳、⑥年間行事予定…などが考えられます。

難しいのは、それをどうすれば実現できるのかということです。

その手助けをしてくれるのが文科省の「StuDX Style」です。

具体事例がたくさん紹介されているので参考になるでしょう。Apple、Google、Microsoftのページにもリンクが張られており、それらのページに行けば、さらに詳しい活用事例を知ることができます。

3 職員間で「共同編集」することで、仕事時間を短縮することができる

Googele WorkspaceやMicrosoft Teamsを活用すれば、複数の職員が１つのファイルにアクセスして同時編集することも可能です。

例えば、学年だよりも役割分担を決めて「同時編集」すれば、１人で作成していた時の半分以下の時間で終わらせることができます。

行事などの反省も「同時編集」なら一斉に入力することができ、待ち時間もいりません。

仕事の時間短縮は、働き方改革にも直結します。

（島根県公立小学校　太田政男）

UNIT ④ — (4) 職員会議に提案するためのマニュアル
学校の事務仕事も令和型にアップデート

　子供と教師に1人1台端末が導入されました。「教室に端末を持ち運べる」「クラウドでデータを共有できる」「同時に同じデータを見ることができる」というメリットから、学校の事務仕事も進化させていきましょう。

（1）学校で行っている事務仕事にはどんなものがありますか。

> 例）授業準備・成績処理・出欠確認

（2）上の事務仕事の中で、ICTをちょっとでも使えそうなものはどれですか？

（3）情報セキュリティにも気を付けましょう。

重要性分類	情報資産の分類				情報資産の例示		
	定義	機密性	完全性	可用性	校務系	学習系	公開系
Ⅰ	セキュリティ侵害が教職員又は児童生徒の生命、財産、プライバシー等へ重大な影響を及ぼす。	3	2B	2B	・教職員の人事情報 ・入学者選抜問題 ・教育情報システム仕様書	○児童生徒の学籍系情報 ・学習システムログインID/PW管理台帳 ・学習用端末ID/PW管理台帳	
Ⅱ	セキュリティ侵害が学校事務及び教育活動の実施に重大な影響を及ぼす。	2B	2B	2B	○学籍関係 ・卒業証書授与台帳 ・成績関係 ・評定一覧表 ・指導関係 ・事故報告書・記録簿 ・進路関係 ・卒業生進路先一覧等 ・健康関係 ・健康診断票 ・健康診断に関する表簿 ○児童・生徒に関する個人情報 ○学校教職員に関する個人情報 ○教職員に割り当てた機密性の高い情報 ・情報システムログインID/PW管理台帳 ・情報端末ログインID/PW管理台帳		
Ⅲ	セキュリティ侵害が学校事務及び教育活動の実施に軽微な影響を及ぼす。	2A	2A	2A	○児童生徒の氏名 ・出席簿 ・名列表 ・座席表 ・児童生徒委員会名簿 ○学校運営関係 ・卒業アルバム ・学校行事等の児童・生徒の写真	○学校運営関係 ・授業用教材 ・教材研究資料 ・生徒用配布プリント ○児童生徒の学習系情報 ・児童生徒の学習記録 （確認テスト、ワークシート、レポート、作品等） ・学習活動の記録（動画・写真等）	
Ⅳ	影響をほとんど及ぼさない。	1	1	1			○学校運営関係 ・学校・学園要覧 ・学校紹介パンフレット ・学校行事のしおり ・学校活動の記録 ※保護者の承諾がある場合、以下は公開可能 ・学校行事等の児童・生徒の写真 ・学習活動の記録（動画・写真・作品等）

（出典）「教育情報セキュリティポリシーに関するガイドライン」ハンドブック
（令和3年5月版）

　文部科学省からガイドラインが出ています。自治体や学校ごとに上の表のどこまでをICTやクラウドで管理してよいかを確認しておきましょう。

具体的な実践情報

1 欠席連絡をGoogleフォームにして朝の電話ラッシュが激減した

①保護者はQRコードを読み取り、
　フォームで欠席連絡をする。
②教員は回答のGoogleスプレッド
　シートをチェックする。

2 教室掲示の表は子供が入力する

　委員会や係の掲示物を4月に行うクラスに作っていますか。
Googleスプレッドシートなら共同編集ですぐに作れます。
①Googleスプレッドシートで枠を作る。
②委員会を決める。
③子供が自分の名前を打ち込む。
④印刷する。

委員会	メンバー		
保健	○○	○○	○○
体育	○○	○○	○○
音楽	○○	○○	○○
放送	○○	○○	○○
給食	○○	○○	○○
環境	○○	○○	○○
生活	○○	○○	○○
図書	○○	○○	○○
美化	○○	○○	○○

3 座席表は写真付きで子供が作成

　教科担任制が始まると座席表が必要になります。
子供が作ることで時間短縮になります。
①枠を作る。
②席替えをする。
③子供が「名前」「顔写真」を入れる。
タブレットのカメラ機能で撮った写真を入れられます。

4 GIGA実践が豊富「StuDX Style」（文部科学省）

　授業実践だけでなく、職員同士での交流、保護者との連絡など、
事務仕事に関する実践も載っています。

（静岡県公立小学校　橋本　諒）

UNIT ④ − (5) 巻末資料

これだけは知っておきたい 「令和の日本型学校教育」の目指す姿

重要資料

「『令和の日本型学校教育』の構築を目指して〜全ての子供たちの可能性を引き出す、個別最適な学びと、協働的な学びの実現〜」（答申）（中教審第228号）【令和３年４月22日更新】（文部科学省）

　この資料は、これからの学校教育を考える上での重要資料となります。まず１〜５ページに、目を通してみましょう。その後、感想を下に書きましょう。

　この中でも、とりわけ重要と思われるキーワードが次の５つです。

①個別最適な学び	②指導の個別化	③学習の個性化
④協働的な学び	⑤GIGAスクール構想	

　一つ一つに関する解説は、本書ほか、校内研修シリーズの中で扱っていますので、ご確認いただければと思います。

　今回は、それらを含めた「令和の日本型学校教育の全体像」について、整理しておこうと思います。

A　これからの時代

　「Society5.0」といわれる時代に突入していきます。AI（人工知能）により、これまで人間の行ってきた仕事の多くが自動化されていきます。例えば、ドローン宅配便、自動田植え機、自動運転バスのようなものが日常的に使用されるようになります。AIとの口頭でのやりとりにより、情報を得たり、買い物をしたりすることになります。

＜参考動画＞　政府広報「Society5.0」（右記QRコード）

　また、新型コロナウイルスの感染拡大のように、予測することが難しいことが次々と起こる「予測困難な時代」とも考えられています。

B　目指す教育の在り方

　そのような時代にあって、これからの子供たちにとって必要なことを次の5つに整理しています。

　①一人一人の児童生徒が、自分のよさや可能性を認識する。

　②あらゆる他者を価値のある存在として尊重する。

　③多様な人々と協働しながら様々な社会的変化を乗り越える。

　④豊かな人生を切り拓く。

　⑤持続可能な社会の創り手となる。

　これらの実現のために、「新しい学習指導要領」と「ICTの拡充（GIGAスクール構想）」が必要というわけです。

C　現状の課題

　こういった教育を目指す背景には、現状の教育の課題があります。これについては、6つ挙げられています。

　①学校・教員の負担増、教師の疲弊と教員不足　　②子供たちの多様化

　③子供たちの学習意欲の低下　　　　　　　　　　④情報化の遅れ

　⑤学校教育の質の確保　　　　　　　　　　　　　⑥感染症への備えと体制整備

　ここに書いたような日本の現状と課題、そして子供たちの歩むべき未来を踏まえ、「令和の日本型学校教育」が提唱されました。私たちもその担い手の一人として、変化を前向きに捉え、歩んでいきたいものです。

（愛知県名古屋市立公立小学校　堂前直人）

UNIT ④ ― (6) 巻末資料　研修に役立つ動画資料
動画視聴で学級経営・授業力を磨く

　ここでは、動画視聴サイト「YouTube」の中で、現場で役立つ情報を、日々新鮮かつ具体的な情報を発信している「チャンネル」を紹介します。

I　TOSS公式

　このチャンネルでは、若手教員の素朴な疑問に、玉川大学教職大学院教授であり、現TOSS（Teachers' Organization of Skill Sharing＝旧教育技術の法則化

運動）代表の谷和樹氏を中心に答えていくという形になっています。

　右の写真のように、特別支援教育にかかわらず、たくさんの動画が公開されています（2021年8月現在）。

　このページ内にあるQRコードを読み取っていただければ、視聴できるようになっています（通信料はご負担いただきます）。

授業力向上の近道とは？①　～教えて谷先生！教師力向上編～

先生としての実力を高めたい…
授業力向上の近道とは？？？

2　村野聡チャンネル

元小学校の先生が開設しているチャンネル。ダウンロードして使えるワークシートなどもあり、教材研究にも役立ちます。

3　吉田高志チャンネル

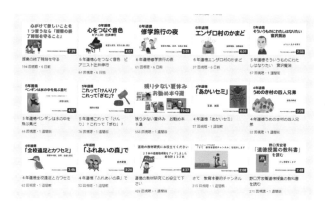

元校長先生が開設しているチャンネル。授業プランやミニ講座が多数あり、教材研究の参考になります。

　YouTubeというと、面白楽しい動画ばかりかと思ってしまいますが、実際は教育系の勉強になる動画も多数あります。今回紹介したチャンネルはその一部です。ぜひ、見つけた動画を研修の際に、紹介し合ってみるなどしてもいいかもしれません。

（愛知県名古屋市立公立小学校　堂前直人）

UNIT 4 — (7) 巻末資料

研修資料　解答例

・・

p.13　UNIT 1—1.　①個別最適化

○○○○：個別最適　　　×××：協働的　　　□□□：ICT

p.15　UNIT 1—1.　②1人1台端末

（1）①端末　　②通信ネットワーク

（2）クラウド

　　意味：「インターネットを通じて、サービスを必要な時に必要な分だけ利用で
　　　　　きる」という考え方。

（3）略

（4）BYOD

p.17　UNIT 1—1.　③デジタル教科書

例）算数で学習するページを提示し、児童と同じように書き込む。

p.19　UNIT 1—1.　④CBT評価

Computer Based Testing

コンピュータ

全国学力・学習状況調査

　例）テストの配布が不要　採点が短くなる　間違いの傾向などの分析が容易
　　　解答時間などのデータも収集可能　など

p.21　UNIT 1—2.　学校課題化のヒント

地域との連携

　例）老人会による昔の遊び体験　地域清掃　学区見学　登下校の見守り　等

オンライン化のメリット

　例）移動しなくても実施できる　お店への負担が軽減される　天候に左右され
　　　ない　等

p.23　UNIT１－３．　不登校

何日か連続で休んだ際には、家庭に電話を入れる。

さらに続く場合には家庭訪問をする。　等

p.26　UNIT２－（１）　国語

省略

p.30　UNIT２－（２）　社会

①ずれ　　　②ずれ　　わかった・気付いた・思った（順不同）　　　③分類

④討論　　　⑤資料　　調べる

p.34　UNIT２－（３）　算数

Ｑ１　　略

Ｑ２　　略

Ｑ３　　積極（的に関わる。）

　　　　情報（のやりとりをする。）

　　　　見方（・）考え方（を次に生かす。）

p.36　　例）主体的な学び…一目でわかるように図に表しなさい。等

　　　　　　対話的な学び…隣に説明してみなさい。等

　　　　　　深い学び…違う問題です。同じように一目でわかる図に表しなさい。

　　　　　　　　　　　　　等

p.54　UNIT２－（10）　生活科

①飽きる　　　②話し合い　　分類　　限定

p.62　UNIT３－（２）　はじめの一歩

（１）①略　　　②略

（２）①　フリック式――タッチすることで入力が可能

　　　　　タイピング式――素早く多くの文字の入力が可能

　　　　　音声入力――声を入力する。簡単に多くの文字の入力が可能

　　　　　手書き入力――タッチして線を引く。端末がテキスト変更

　　　②例）植物の成長を記録、運動動作を見る。　等

p.66　UNIT 3－（4）　デジタル学習3、4年

Q1　①反復　　②ローマ字

Q2　①メッセージ　　②共有　　③課題

Q3　例）国語でクラスへアンケート調査　理科で実験結果の集約　道徳で実態
　　　　調査　等

p.68　UNIT 3－（5）　デジタル学習5、6年

Q1　クラウド

Q2　右図

p.70　UNIT 3－（6）　ノウハウ

Q1　例）インターネットで探したいものを見つける力　ローマ字入力する力　等

Q2　解説参照

p.82　UNIT 3－（11）　ハイブリッド授業

例）不登校児童も一緒に家庭から学習に参加する場合
　　感染予防のために自宅待機している児童が授業に参加する場合　等

p.94　UNIT 4－（2）　文書作成

1．文書　　　2．名前　　　3．明確　　　4．行事　　　5．4

p.96　UNIT 4－（3）　職員室のICT化

Q1　例）集約の手間がない　紛失による問い合わせが減る　等

Q2　例）職員会議資料のデータ化　健康観察　欠席連絡　等

Q3　共同（編集）　→　時間（短縮）

p.98　UNIT 4－（4）　学校の事務仕事

（1）教材研究　出欠確認　教材発注　テスト作成　等

（2）省略

もっとICT活用の主・対・深の授業づくり④
よくあるオンライン・トラブル

オンライン授業を実施していく中で、思わぬトラブルが発生することもあります。どんなトラブルが起こるのか、想定しておくだけでも、その場で落ち着いて対応することができます。

よくあるトラブル1　先生の声が聞こえない　子供たちの声が聞こえない

「子供の声が聞こえない」、「先生の声が聞こえない」など音声に関係するトラブルは一番よくあるトラブルといえます。

話す側であればマイクの設定、聞く側であればスピーカーの設定ができているか、まずは確かめてみましょう。（設定方法についてはここでは割愛します。インターネットで検索すればわかりやすいサイトがたくさんあります。）

設定ができているのに、音が出ない場合は、一度退出して入り直すとうまくいくことがあります。また、スピーカーはつながっているのに電源が入っていなかった、イヤホンが根本までしっかり接続されていなかった、といったこともあります。

音声の設定の確認をする、それでもダメなときは一度退出して入り直す、周辺機器の接続を確認する、といったことは、子供たちにも教えておくべきでしょう。

よくあるトラブル2　先生のパソコンがフリーズ　子供だけが会議室に

一つのパソコンで、複数の作業をしようと思うと、フリーズしてしまうことがあります。特にオンライン会議は、パソコンへの負担が大きいようです。先生のパソコンは、特にパワーポイントなどを同時に使用していることもありますから、フリーズする可能性は、子供機よりも高くなります。

フリーズした際には、子供たちだけがオンライン会議室にいることになります。先生の目がなくなれば、時に、トラブルになってしまうこともあります。

そうならないためにも、先生は2台のパソコンで会議に入っているとよいでしょう。一台がフリーズしても、「子供だけの場」を避けることができます。

（愛知県名古屋市立公立小学校　堂前直人）

あとがき

忙しい中わざわざ時間を取って、すぐに授業に生かせない（役に立たない）つまらない話を聞く。

新卒の頃の私が抱いていた「研修」のイメージである。

今思い返してみれば、「役に立たない」のではなく、自分が「役に立たせられない」という腕のなさの裏返し。「つまらない」のは、自分がその「重要性を理解していなかった」ということ。思い返すだけでも、恥ずかしくなる。

かといって、「勉強になった」だけでも仕方がない。明日からの教室で生かされてこその「研修」である。そんな思いを抱きながら、教員生活を送ってきた。

何年も研修を繰り返す中で、「すぐに役に立つもの」と出会うこともあった。そういった研修の後は決まって、子供の様子が変化する。いや、正確に言えば、「自分が変化する」のである。自分が指導の何かをよくすれば、おのずと子供たちもそれに合わせて変化をしていく。

大切なことは、子供を変えることではなく、自分自身が変わることなのだ。

そうやって、自分が変わり、子供が変わる研修は、一体どこが違うのだろう。そう考えていくうちに、いくつかのポイントを見つけた。

＜効果的な研修のポイント＞
① 聞くだけでなく、活動がある。

　ずっと話を聞いているだけでなく、自分の経験を話したり、教えてもらったりする。時には模擬授業や模擬生徒指導をしたりすることもある。講師の先生から指名されることもある。
② ほどよい緊張感がある。

　活動があるから、「緊張感」がある。きちんと考えていないと自分が困る。この「考える」が大切だ。自分事にするから、身になる。
③ 何より楽しい。

　①、②の研修を想像すると、相当に怖い。やりたくない。そうならないのは、「楽しい」からである。自分の成長を実感できて楽しい。いろんな先生の

考えを聞けて楽しい。ワイワイとでも真面目に学ぶ空気が楽しい。

　友達とおしゃべりをする楽しさとは違う。アミューズメントパークの楽しさとも違う。「知的な楽しさ」である。

　上記の３つのポイントを意識して、今回の校内研修シリーズを編集させてもらった。

　先生方の学校の研修が、「楽しく」、それでいて「効果的な」研修になってほしいと願いを込めた。

　それぞれの先生方が蓄積してきた教育者としての知恵や工夫が、これからの時代を創る若い先生たちに受け継がれてほしいと願いを込めた。

　そして、先生方のクラスの子供たちが、一人残らず幸せな学校生活を送ってほしいと願いを込めた。

　「GIGAスクール」、「特別支援」、「主体的・対話的で深い学び」。

　どれも重要課題である。そして、どれも難課題である。一人の力では容易には前に進めない。だからこそ、校内の仲間とぜひ共に歩みを進めていただきたい。

　本書がその一助となることを切に願う。

　最後に、この企画を薦めてくださった樋口雅子編集長、力を貸してくださった全国の仲間、執筆者のみなさん、そして、この出会いをくださったTOSS最高顧問向山洋一先生に、心より感謝申し上げます。

令和３年８月18日
夏休みに腕を高めようとする全国の先生たちとの
TOSSオンライン授業技量検定を終えて
TOSS/Lumiere　堂前直人

執筆者一覧

田丸義明	神奈川県公立小学校勤務
堀田和秀	兵庫県公立小学校勤務
野村有紀	愛知県公立小学校勤務
三浦宏和	東京都公立小学校勤務
宮島　真	愛知県公立小学校勤務
赤塚邦彦	北海道公立小学校勤務
久米亮輔	愛知県公立小学校勤務
豊田雅子	埼玉県公立中学校勤務
林　健大	山口県公立小学校勤務
高見澤信介	長野県公立小学校勤務
竹田博之	愛知県公立小学校勤務
太田政男	島根県公立小学校勤務
許　鍾萬	兵庫県公立小学校勤務
森本和馬	福井県公立小学校勤務
中川聡一郎	愛知県公立小学校勤務
松島博昭	群馬県公立小学校勤務
平松英史	福岡県公立小学校勤務
水本和希	神奈川県公立小学校勤務
山内英嗣	愛知県公立小学校勤務
大川雅也	長野県公立小学校勤務
中田昭大	北海道公立小学校勤務
橋本　諒	静岡県公立小学校勤務

編著者紹介

堂前直人（どうまえなおと）

1986年	愛知県生まれ
2009年3月	信州大学卒
現在	名古屋市浮野小学校勤務

TOSS/Lumiere代表　TOSS中央事務局　TOSS東海中央事務局代表

編著『算数難問1問選択システム・初級レベル1＝小1相当編』
　　『先生のタマゴ必携 教育実習パーフェクトガイドBOOK』
　　ともに学芸みらい社

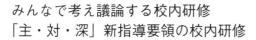
みんなで考え議論する校内研修
「主・対・深」新指導要領の校内研修

GAKUGEI
MIRAISHA

2021年11月20日　初版発行

編著者　堂前直人
発行者　小島直人
発行所　株式会社 学芸みらい社
　　　　〒162-0833 東京都新宿区箪笥町31 箪笥町SKビル
　　　　電話番号 03-5227-1266
　　　　http://www.gakugeimirai.jp/
　　　　e-mail:info@gakugeimirai.jp
印刷所・製本所　藤原印刷株式会社
装丁デザイン　小沼孝至　　DTP組版　本郷印刷KK
企画　樋口雅子　　校正　大場優子

授業の腕が上がる新法則シリーズ 全13巻

監修：谷 和樹（玉川大学教職大学院教授）

新指導要領対応！

新教科書による「新しい学び」時代、幕開け！
2020年度からの授業スタイルを「見える化」誌面で発信！

4大特徴

基礎単元＋新単元をカバー	授業アイデア＆スキル大集合
授業イメージ、一目で早わかり	新時代のデジタル認識力を鍛える

◆「国語」授業の腕が上がる新法則
村野 聡・長谷川博之・雨宮 久・田丸義明 編
978-4-909783-30-1 C3037　本体1700円（＋税）

◆「社会」授業の腕が上がる新法則
川原雅樹・桜木泰自 編
978-4-909783-32-5 C3037　本体1700円（＋税）

◆「算数」授業の腕が上がる新法則
木村重夫・林 健広・戸村隆之 編
978-4-909783-31-8 C3037　本体1700円（＋税）

◆「理科」授業の腕が上がる新法則※
小森栄治・千葉雄二・吉原尚寛 編
978-4-909783-33-2 C3037　本体2400円（＋税）

◆「生活科」授業の腕が上がる新法則※
勇 和代・原田朋哉 編
978-4-909783-41-7 C3037　本体2500円（＋税）

◆「音楽」授業の腕が上がる新法則
関根朋子・中越正美 編
978-4-909783-34-9 C3037　本体1700円（＋税）

◆「図画工作」授業の腕が上がる新法則
1～3年生編※
酒井臣吾・谷岡聡美 編
978-4-909783-35-6 C3037　本体2400円（＋税）

◆「図画工作」授業の腕が上がる新法則
4～6年生編※
酒井臣吾・上木信弘 編
978-4-909783-36-3 C3037　本体2400円（＋税）

◆「家庭科」授業の腕が上がる新法則
白石和子・川津知佳子 編
978-4-909783-40-0 C3037　本体1700円（＋税）

◆「体育」授業の腕が上がる新法則
村田正樹・桑原和彦 編
978-4-909783-37-0 C3037　本体1700円（＋税）

◆「道徳」授業の腕が上がる新法則
1～3年生編
河田孝文・堀田和秀 編
978-4-909783-38-7 C3037　本体1700円（＋税）

◆「道徳」授業の腕が上がる新法則
4～6年生編
河田孝文・堀田和秀 編
978-4-909783-39-4 C3037　本体1700円（＋税）

◆「プログラミング」授業の腕が上がる新法則
許 鍾萬 編
978-4-909783-42-4 C3037　本体1700円（＋税）

各巻A5判並製
※印はオールカラー

激動する社会の変化に対応する教育へのパラダイムシフト──谷 和樹

　PBIS（ポジティブな行動介入と支援）というシステムを取り入れているアメリカの学校では「本人の選択」という考え方が浸透しています。その時の子ども本人の心や体の状態によって、できることは違います。それを確認し、あくまでも本人にその時の行動を選ばせるという方法です。これと教科の指導とを同じに考えることはできないかも知れません。しかし、「本人の選択」を可能にする学習サービスが世界的に広がり、増え続けていることもまた事実です。

　また、写真、動画、Webページなど、全教科のあらゆる知識をデジタルメディアで読む機会の方が多くなっているのが今の社会です。そうした「デジタル読解力」について、今の学校のカリキュラムは十分に対応しているとは言えません。

　子どもたち「本人の選択」を保障する考え方、そして幅広い「デジタル読解力」を必須とする考え方を公教育の中で真剣に考える時代が到来しつつあります。

　本書ではこうしたニーズにできるだけ答えたいと思いました。

　本書の読者のみなさんの中から、そうした問題意識をもち、一緒に研究を進めていただける方がたくさん出てくださることを心から願っています。